O

(Crónicas, mayo 2022 – agosto 2022)

Ana Abregú

Abregú, Ana

O

Ciudad Autónoma de Buenos Aires, Agosto 2022.
pag. 209 ; 15,24 cm x 22,86 cm

ISBN: 979-8847037334

1. Narrativa Argentina. 2. Crónicas. I. Título

Diseño de tapa: Ana Abregú. Imagen de tapa: Ana Abregú.
Diseño de cubierta e interiores: Ana Abregú.
Metaliteratura www.metaliteratura.com.ar

Impreso en Amazon

A mi abuela Pola.

PRÓLOGO

Entre las cosas que propicia el azar, las derivas de textos en los paradigmas que proponen las redes sociales, son lo más parecido a una biografía.

Este texto es una épica de lecturas, escrituras, intervenciones, relatos, poesía; la huella de la perseverancia entre asimilaciones, reflexiones, contradicciones.

Crónicas de un estar entre realidad y ficción, intrahistoria sobre pequeños mundos personales, efecto de identificaciones, modalidades de contactos culturales que incluyen viajes en el tiempo.

Acaso inventario y reconocimiento de un proceso, quizás errado, de la andadura literaria, revelar un paisaje de mímesis entre discursos, creencias, mitos, emanaciones escriturales para dar cuenta de la perplejidad; diferencias entre el sujeto cultural, que representa la obra de la autora, y el pensamiento ecléctico de esta época.

Cito un fragmento:

"«Cuándo puedo decir que soy escritor», se lee por ahí. La respuesta simple: cuando tu nombre se convierte en un resorte que detona expectativas.

Nombre, en el sentido del psicoanálisis, el que otorga existencia; sin embargo, ser escritor, impone otras coordenadas, cuarta –tiempo–, o quinta –metafísica–, dimensiones.

Algún tipo de lector se apropiará del a priori del ser escritor, y sobreabundará en la construcción del mensaje, con afirmaciones discontinuas, pero repetitivas, «qué gran escritor», bajo el mantra tautológico de "Ser escritor, es ser escritor".

Pero en la profundidad de la punción lenitiva, se reconoce el gesto del estereotipo, la subjetividad que tensiona el nombre en el sentido contrario, no sos escritor si no rompes el molde que te cuantifica en libros o lectores, serás escritor, con el próximo libro, o el que le sigue y sigue, y el próximo…"

Oitos Rossi.

17 agosto, 2022

Grupo Me interesa lo que escribes (Antalia Isim, administradora)

El cable cuelga en ruinas, objeto demorado en su desplome, baila con el viento, incesante armonía de percusión contra el muro; cuerpo, filo, como rabioso y sin porvenir que solo el aire cruza, resto de polución de cordeles rojos; ahí, rebelde, azota el vano al que los pájaros no acceden, la violencia del sonsonete, viento, lluvia, escenario del credo, los libros.

***

En "Las palabras y las cosas", Foucault denomina "episteme" a los sistemas de clasificación de los discursos dominantes de las épocas, establece un cambio de visión, en referencia a validaciones de verdad o mentira en los discursos dominantes.

Las epistemes no surgen de repente, hay una traza, producto de dinámicas históricas que empuja la necesidad de cualificar sus condiciones de validez, convoca ramas diferentes del saber en un intento de generar procedimientos cognoscitivos que organicen las condiciones de producción de sentido.

Podría postularse, para esta época, como episteme – porque infiere una relación entre campos prácticos, como el económico, el político, revolución laboral, del lenguaje, movilización histórica, etc.–, al lenguaje inclusivo.

La episteme renacentista se ordena por semejanzas – relación de continuidad y similitud entre las palabras y cosas como referencia a lo que existe explicable y comparable con entes semejantes. Por ejemplo, analogía entre el comportamiento animal y el humano. La episteme clásica –referiere al conocimiento que se considera verdadero, absoluto, universal, ciencias duras–, se ordena por representaciones, –concepto que se introdujo, en un post, sobre la diferencia entre el yo, la palabra escrita, y el ego, la palabra no es la cosa.

La episteme actual, se diferencia de aquellas por la interrogación de la justicia social y sus efectos económicos. La dinámica del lenguaje, la aceptación de las academias de regulación, van admitiendo cambios por el uso; por ejemplo, vocablos como psicoanálisis, ahora se acepta sicoanálisis; o retirar el acento de la palabra solo.

Por qué hay resistencia con el inclusivo, pareciera que incorporar el uso, cuyo objetivo es incluir, tiene un nivel diferente a la inclusión, conjeturo que es un cambio de paradigmas, de visión social, y algo aún más sutil: la revolución de la letra e es el empoderamiento de las mujeres, exhibe determinación y fuerza; hasta el hecho de impactar en la rebelión contra la academia de letras, que se ve obligada a insistir en invalidar el intento, sin que la hayan consultado o siquiera pedido permiso.

Mismo poder que se revela cuando las instituciones educativas se sienten enfrentadas, no por la letra o cambio del lenguaje, al que ni siquiera responden con argumentos que convenzan, sino por el hecho mismo de la resistencia y perder control.

¿Asistimos acaso al nacimiento de nuevas epistemes?

✳✳✳

Marcelo Amar se llamaba. Vendía sus poemas, en libros pagados por sí mismo en la Feria del Libro. Algunos lo conocíamos, llevaba un sombrero a galera y a veces una corbata moñito, tendría unos 20 años; para alentarlo, ayudarlo y un poco romper la hegemonía de las empresas que sólo por tener medios pueden vender en la Feria del Libro, comprábamos los libros.

Sobre el primero que compré, le dije: Poné así: "recuerdo de nuestro encuentro", mientras agregué, tocándome la panza: un día, cuando Juancito me pregunte quién era el padre, podré mostrarle este libro. Sonreí dando cuenta que era broma.

El escribió algo así: recuerdo del encuentro en la Feria del libro, con motivo de la compra de este libro ...etc...

Una larga frase que dejaba en claro que no había relación sentimental, sino una transacción comercial.

Me reí, pero él no tuvo la perspicacia ni el humor para comprender la broma, siguió muy serio y circunspecto, con esa expresión que a veces talla la mirada de los poetas, ajena a la línea temporal del presente.

Sin embargo, lo vi al año siguiente, nos reconocimos, nos saludamos, le compré otro libro.

Luego no volví a verlo. Pero era conocido, y había otros que hacían lo mismo, es decir, vender a mano sus propios libros como para ver si podían vencer al sistema. Me enteré que había muerto. Nadie supo decirme de qué, ni qué pasó. Ni siquiera recuerdo quién me informó.

Pero hoy, arreglando mi biblioteca, aprovechando el silencio del feriado, descubro que no tengo los libros que le compré, o se traspapelaron de una manera que desconozco.

Y de repente, tuve la tremenda sensación que podían pasar otras cosas, que Marcelo Amar no existió, que mi memoria colocó un texto en mi realidad, que fue una fantasía, que alguna vez tuve una vida paralela de la que no queda rastro; opciones más interesantes que la más devastadora de entre las opciones: que me hubieran robado los libros y recién lo percibo; ello deja la puerta abierta a los otros tantos que faltarán, que proveerán algún recuerdo, que quizás, otra vez, empiece a circular por las mismas categorías, inexistente, inventado, robado.

Atrapada en el laberinto de los recuerdos, de las palabras, de los libros.

16 agosto 2022

Grupo Me interesa lo que escribes (Antalia Isim, administradora)

De la poesía, lo espero todo, emoción, épica, recursos, la materialización de ello, es una huella en la que circulé en retroceso, donde encontré el paradigma repetido de las bases del múltiple conocimiento, integración de saberes, lenguajes, formas, y el descubrimiento del poeta Juan Ramírez Ruíz.

Empecé a entender de otra manera a Borges, cuando leí "Armas molidas", el poeta vital que transformó el mundo y el lenguaje, y me permitió reconocer el sentido de la palabra erudición. Desde entonces reformulé mi idea sobre Borges, qué gran escritor era Borges, solo eso, qué gran erudito era Juán Ramírez. Ruíz; me introdujo en esa gran épica de la transformación de la sociedad, del individuo, abrir el lenguaje, abrir el horizonte literario, donde el signo, la representación –la literatura–, es visual, verbal, metonímica, experiencia sensorial, que confluye y supera diálogos con vanguardias y las permea de una cosmogonía que apela a las raíces indigenistas, sin caer en el panegírico o defensoría, sino por presencia contundente de sus propuestas poéticas.

J.R. Ruíz, crea la expresión de su poética:

Las excursiones

Los signos representados son una relación entre el español de castilla y la lengua en Hanan, J.R. Ruíz las llamó paligadas, "palabras ligadas que imantan un espacio semántico múltiple". Lo que me hizo reflexionar sobre aquella afirmación de Cratilo, que Borges replica:

Si (como afirma el griego en el Cratilo).

El nombre es arquetipo de la cosa,
En las letras de rosa está la rosa
Y todo el Nilo en la palabra Nilo.

En hanan, concepto destituido. Borges no leía poetas peruanos, reconoció solo haber leído a Eguren, y creo, se perdió una revolución del lenguaje.

En hanan, hay utilización de morfema gramatical, corresponde a pronombres posesivos, a las contracciones "al" y "del" y a conjunciones subordinantes o adverbios de orden y puede corresponder, a un adverbio o una preposición, simultánea o alternativamente. Así, el signo " ⌐|" (que equivale como fonema a /d/, a, de).

El signo "⌐L" –que como grafema es "h", hache–, desde la gramática pronombre indefinido, proposición subordinada o relacionante, preposición compuesta o adverbio pronominal demostrativo.

Estas explicaciones son fundamentales para la lectura de los poemas de "Las Excusiones".

El lector elegirá los enlaces gramaticales que corresponden al texto, en función de la adecuación sintáctica a la frase u oración; la polisemia, es un personaje más con sus formas alternativas.

Color, sonido, lenguaje.

ALFABETO Y ALFAGRAMA

A	⌐	E	L	J	⌐	N	\	R	⟨	V	∠
B	|	F	⌐	K	⊏	Ñ	⋀	RR	⟨	W	\
C	⌐	G	⌐	L	⊐	O	⋁	S	⟨	X	⟍
CH	⌐⌐	H	⌐	LL	▢	P	⟨	T	⟩	Y	7
D	⌐	I	⌐	M	╱	Q	⟩	U	◇	Z	△

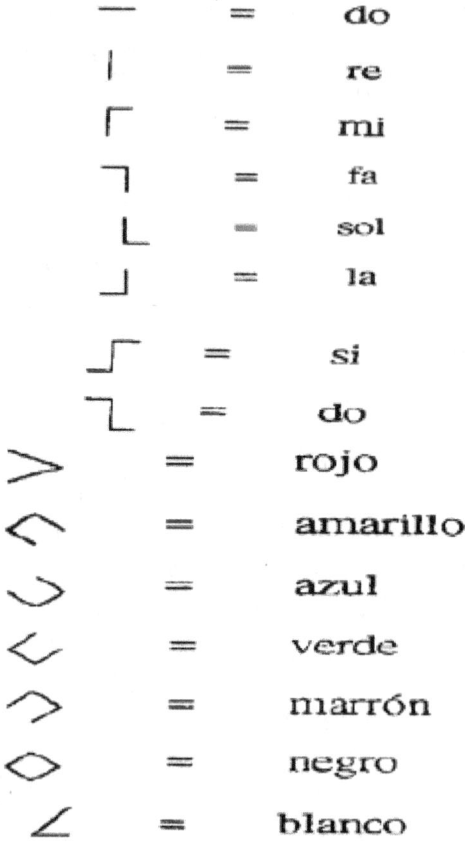

(Fuente: https://www.scielo.cl/scielo.php?script=sci_arttext&pid=S0071-17132017000100003)

✳✳✳

Y qué es el lenguaje. La lengua de donde se nace, dirán algunos.

Borges sostenía que tenemos derecho a toda la cultura, viniera de donde viniese; América era joven y no tenía tradición, podía tomar la que quisiera –esta idea es de Henríquez Ureña, 1928, *El escritor argentino y la tradición*–. Lugones –en *El payador*, 1916– postulaba que la gran tradición Argentina era el *Martín Fierro*, que era a lo que Urueña intentó neutralizar en su obra.

Estas eran las ideas que moldearían el lenguaje de nuestra literatura.

Las posturas de escritores latinoamericanos resultó en una hibridación, que expresó Rubén Darío, en 1899, en ocasión de visitar Argentina, cuando definió el modernismo como el lenguaje que tuvo que adquirir características de políglotas y cosmopolitismo, para entrar en un campo de validación cuyo epicentro era Europa.

El lenguaje, ha demostrado que se mueve con una dinámica en concordancia con el desarrollo cultural, político e incluso económico –no solo porque hay que tener acceso a la educación, sino también medios para viajar y apoyo editorial.

Hasta que llegó la onda expansiva de la Internet. Esta reflexión se detona en tanto leí textos que combinan registros de localismos mexicanos, "pinche", como del registro de películas norteamericanas, "vaya"; sería difícil rastrear en qué punto las palabras que representan la cosa se fue invirtiendo; la escena se acomodó a la circunstancia del empleo de ambas palabras, lo que pone en cuestión un tema sobre el que indagué antes: esas palabras prestadas revelan que la escena no es de la experiencia del escritor, sino que se asimilaron a escenas "vistas" en películas o series. Queda flotando la cuestión: afirmé que no es necesario vivir la experiencia para escribir sobre ella; ¿los medios, poco a poco, penetran y conspirar contra ese concepto?

Y por otro lado: por qué no. Como afirmó Borges, abrevar de todas las fuentes disponibles es lícito. Y entonces qué ataca el detalle de los lenguajes híbridos: la verosimilitud, dirán algunos; pero la verosimilitud no es un recurso literario.

En mi reflexión, ataca la fuente de representación, y es ahí donde la construcción requiere el análisis del discurso.

Aún tenemos nuestro lenguaje. ¿O ya estamos en un punto en que esas legitimaciones no tienen validez?

15 agosto 2022

Grupo Me interesa lo que escribes (Antalia Isim, administradora)

Mi propio método para escribir novelas

El que muestro es un Gantt, un diagrama que se usa en el diseño de proyectos.

Es ideal para estructurar novelas.

En el eje vertical P= personajes o grupos. En el horizontal tiempo. T: trama, A: argumento.

Los rectángulos indican dónde están los personajes coincidiendo en el tiempo, el motivo rayado dentro, es el mismo en la vertical: los personajes están coincidiendo en tiempo, ya sea que está en el mismo lugar, como si no; ahí ocurren y se dicen cosas en paralelo.

En un punto los atraviesa un corte: fin de capítulo, notar que algún personaje termina su actuación. El enigma, el suspenso, el código hermenéutico, determina ese corte, y no es necesario que sean momentos sincrónicos.

Este diagrama permite planear cuándo ocurren las situaciones y quiénes están haciendo, diciendo o narrando qué.

Una ventaja: se escribe en cualquier parte y desde cualquier personaje, sin equivocación de los hechos. Ello previene también, que la textura de toda la novela no se vea afectada por las circunstancias domésticas o intromisión diaria y, en todo caso, quedará distribuida por la novela. Estas interrupciones suelen implicar la lectura completa del texto, lo que causa saturación, fatiga, y convierte el texto en un proyecto cada vez más complejo, como si se estuviera avanzando en un pantano.

Lo hice a mano, para ilustrar, pero, en las rayas de los rectángulos, en un Excel, se colocan los hechos importantes: bombas, incendio, besos, encuentros, desaparición, revelaciones, mentiras, etc. Esto cuida una logística de eventos.

Sirve también para novelas escritas en orden asincrónico, o inverso: se hacen gráficas especulares o invertidas y ahí se controla lo mismo: la lógica de la narración. Siempre conviene tener la historia "derecha", después se desarma.

Hay registros de escritores famosos que armaban mapas recortando papeles y moviéndolos, eran una variante de esto: un gráfico de Gantt.

Alguno me ha indicado la cuestión sobre escritores que no lo saben todo de la obra por escribir, y que comienzan incluso con una palabra o frase. Lo mismo: el diagrama empieza a la izquierda, con un T1, A1, P1. Tiempo 1. A medida que se avanza, se agregan hacia arriba, el eje vertical, no es orden cronológico.

En el ejemplo, P3 es un personaje que "entra" en la trama, después que P4, para ilustrar que si en el medio aparece un personaje, ahí está, se incorpora.

De la experiencia surge que se resuelven muchos de los problemas que se notan en los textos de "iniciados": el narrador, el elemento más importante, cuando es omnisciente o cuando no, cuando es testigo y "futuriza", en fin, variantes que el esquema permite detectar.

Otros: cosas que "sabe" un personaje, que no puede ser, el diagrama te muestra anacronías u hechos históricos.

Escribí la novela *Paranoxia Dalí*, que transcurre en Canadá, 1943, y me documenté en esa línea de tiempo, lo que existía y lo que no, el "relleno" de los rectángulos eran otro Word, con TituloT1A1H o TituloT1A1E, TituloT2A5G1 etc., contada por cinco narradores.

H: historia (fundación de pobladores, nombres), G: geografía (monumentos, iglesias), E: elementos (comidas, precios), y así. De manera que escribí desde cualquier lugar, historia y narrador, liberándome de la ansiedad por "llegar" a un punto determinado de la historia, abandonándome en el orden en que la inspiración me encontraba.

Es una novela de diversos géneros suspenso, policial, arte, guerra, social, psicológica, etc.

Armar el plan me llevó un maravilloso año de investigaciones. La escribí en tres febriles meses sin dudas, tropiezos o pérdida de tiempo. No tenía intención de ser autoreferencial, solo quería ilustrar que las complejidades de tramas, géneros, tiempos, no son un escollo para enfrentar proyectos extensos.

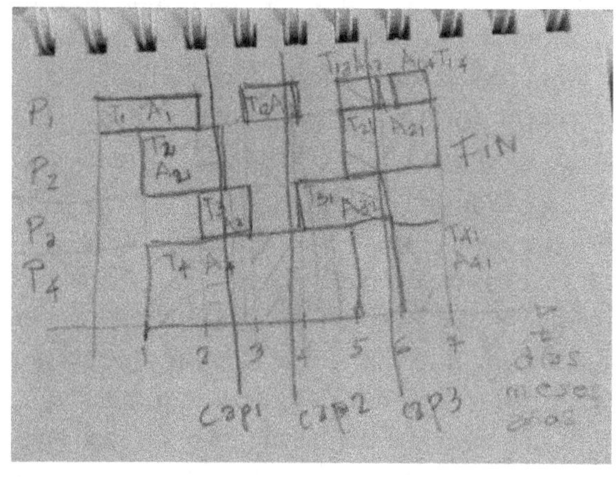

***

Elegía fiel gris

Gris, olvido de la memoria, fábula de permanencia para el hombre vegetal que flota en las sufridas latitudes en las fronteras donde sumir el tiempo y devenir. Gris, inane, intrincándose entre ausencias; el gris deglute al hombre y lo introduce en un secreto; floraciones fantasmagóricas de la palabra, la fibra al filo de la luz.

Esto no es una canción de muerte o monotonía, es un fluir de efes.

Sobre alguien que corrige: efe, por Efeso.

Qué interesante indicación. Estaba, en realidad, pensando en la fe, en cómo la fe construye mundo. Y recordé esto: en Éfeso, Turquía, está la casita de la Virgen María, Es un predio pequeño, al que se entra a través del cancel de una puerta de reja baja, un pie adentro y estás con ese pie en suelo del Vaticano y con el otro en Turquía. Con el brazo aún en Turquía, comprás algo en liras turcas, con el otro en euros. La cadena de pensamientos empieza en el texto de Franklin Briones, que colocó a Lucas, como personaje. Lucas, vivía en Éfeso y se dice que fue la Virgen María quien le relató los hechos de Jesús que están en el evangelio según San Lucas.

***

Sobre alguien que afirma: gris igual indefinido.

O lo plano, o el cielo, o el futuro... a propósito: fiel, es también una pieza de arcabuz, la manecilla de la balanza, tornillo que asegura las hojas de las tijeras...y es como el *ayés*, acompañado de sustantivos y verbos, define diversas profesiones...se me acusa, incluso de tener un fiel que une dos hemisferios derechos. El hemisferio derecho: la parte del cerebro que opera la unidad aritmético lógica, la razón. Caeré en derivas interminables en cada cuestión...

14 agosto 2022

Grupo Me interesa lo que escribes (Antalia Isim, administradora)

En la era precristiana la creación de los animales fantásticos sostenía una función que mezclaba naturalismo y publicidad sobre el poder del hombre, valentía y capacidad para enfrentar lo extraordinario. No había cuestiones morales sino conquistas, protección de tierras, liderazgo por intermediación de heroísmo.

En algún punto hubo un relevo de la inteligencia social en que la moral comenzó a gravitar en el uso de seres fantásticos o metafísicos, y marcar la diferencia abandonando la hibridez y mutar a seres "semejantes al hombre", ya no sustentado en el horror mediante criaturas que apelaban al miedo por cómo se veían, o describían, para un cambio más eficaz, hacerlas invisibles y crear el discurso de la posibilidad de castigo y sufrimiento.

El hombre podía combatir y vencer a las criaturas fantásticas, salir victorioso y obtener gloria, respeto, dinero y tierras.

Luego, bajo la sujeción de la palabra, los seres imaginarios pasaron a dominar al hombre, ya lejos del alcance de poder enfrentarlos. Y la intención de respeto, dinero y bienes pasó a depender de ruegos, fe y actividades de sumisión; ya no un guerrero, entre otras derivas, como el declarar que hay una moral según una validación social de esa fe.

Las poderosas palabras se compilaron en libros, ahora con el peso de textos sagrados y toda una ciencia, la teología, en paralelo al desarrollo de las ciencias humanas, efecto de estructuras cognoscitivas y ciencias duras que, paradójicamente, funcionan en una tensa tolerancia.

Lo que no deja de implicar que a través de los seres imaginarios hay una profunda huella de la historia de la evolución del hombre.

> Es una hipótesis. De hecho, aún en la era cristiana hay un punto de coincidencias entre ambas cuestiones que persiste: San Jorge, un prefijo utilizado por la teología:"San", se le otorga a alguien que luchó contra un dragón, uno de los animales fantásticos. Y no cualquiera, el más antiguo, data del Pleistoceno Tardío en la Edad de Piedra Media (12.600 – 25.000 a. C.). Qué extraño es que para reforzar una cosmogonía se use un elemento de la

construcción de otra, y que la cancela. En la actualidad se cree en Santos y no en dragones.

***

«Cuándo puedo decir que soy escritor», se lee por ahí. La respuesta simple: cuando tu nombre se convierte en un resorte que detona expectativas.

Nombre, en el sentido del psicoanálisis, el que otorga existencia; sin embargo, ser escritor, impone otras coordenadas, cuarta –tiempo–, o quinta –metafísica–, dimensiones.

Algún tipo de lector se apropiará del a priori del ser escritor, y sobreabundará en la construcción del mensaje, con afirmaciones discontinuas, pero repetitivas, «qué gran escritor», bajo el mantra tautológico de "Ser escritor, es ser escritor".

Pero en la profundidad de la punción lenitiva, se reconoce el gesto del estereotipo, la subjetividad que tensiona el nombre en el sentido contrario, no sos escritor si no rompes el molde que te cuantifica en libros o lectores, serás escritor, con el próximo libro, o el que le sigue y sigue, y el próximo…

***

El hombre podía combatir y vencer a las criaturas fantásticas, salir victorioso y obtener gloria, respeto, dinero y tierras.

Luego, bajo la sujeción de la palabra, los seres imaginarios pasaron a dominar al hombre, ya lejos del alcance de poder enfrentarlos. Y la intención de respeto, dinero y bienes pasó a depender de ruegos, fe y actividades de sumisión; ya no un guerrero, entre otras derivas, como el declarar que hay una moral según una validación social de esa fe.

Las poderosas palabras se compilaron en libros, ahora con el peso de textos sagrados y toda una ciencia, la teología, en paralelo al desarrollo de las ciencias humanas, efecto de estructuras cognoscitivas y ciencias duras que, paradójicamente, funcionan en una tensa tolerancia.

Lo que no deja de implicar que a través de los seres imaginarios hay una profunda huella de la historia de la evolución del hombre.

13 agosto 2022

Grupo Me interesa lo que escribes (Antalia Isim, administradora)

¡Ay luna! Plural de la memoria que acomoda el sol, vanidad e idealización de muecas humanas para refinar la espera de un destino. Reflejo de las ensoñaciones de la voluntad, sustancia alquímica, *ex nihilo,* coartada de la realidad inmanente, dueña de la palabra en sí, mecanismo de réplica y retorno. ¡Ay luna!, pura ilusión sofística.

***

El *ayés*, el lenguaje, tiene la función de escapar de la gramática y la métrica hacia la brevedad, pone énfasis en la reducción espacial como elemento estructurador de su significado, es logos, y no praxis.

"Ay Ana", "Ay tiempo", tensión en el poder de morfemas que operan en lo esencial.

El *ayés*, acaso un reverso del que se propone en *Tlön, Uqbar, Orbis Tertius* –Jorge Luis Borges, 1940–, el planeta donde los habitantes consideran al idealismo como el sentido común. Cada uno de los seres es parte de una divinidad indivisible, por lo tanto no existen sustantivos, ya que designan seres individuales. Para nombrarlos, utilizan verbos impersonales calificados por sufijos o prefijos, o una acumulación de adjetivos. En el *ayés*, como un reverso, los verbos no participan, ni son necesarios, ni en interpretación o sentido.

Borges conjetura que la tierra evolucionaría hacia el lenguaje de *Tlön*, porque supone una realidad ordenada; pero no llegó a comprender la revolución emancipadora del lenguaje que promueve la Internet; el *ayés* con su función demiúrgica coincide mejor con la expectativa de persistir en el futuro.

12 agosto 2022

Grupo Me interesa lo que escribes (Antalia Isim, administradora)

La bisagra es el momento en que la conciencia comprende el pasado y el futuro y adquiere los constructos lingüísticos, medio que convierte las impresiones sensoriales en realidad. Momento del lenguaje definido como comunicacional, función adaptativa que proveerá recursos para sobrevivir, evolucionar, interpretar el mundo.

Desde ese punto, la fenomenología kantiana, sobre que lo cognoscible es lo que ocupa espacio y se percibe con los sentidos parecía la consecuencia lógica.

Sin embargo, algo se interpuso: la percepción basada en el sentido común se opone a la ciencia.

La realidad parece "estar", y supuestamente, hay palabras para dar cuenta de ella y si no, hay circunvalaciones que pretenden suplantar la palabra faltante, ahora, hay un conjunto de palabras que representan la cosa que no tiene palabra para nombrarse, que viene a resultar equivalente.

Las cosas se perciben en tanto se pueden nombrar, nombrar y percibir son como el huevo y la gallina, no se puede definir qué es primero: nombrar es percibir y percibir es darle existencia. Percibir es nombrar y nombrar es darle existencia a la cosa.

"En el principio fue el verbo" –evangelio según San Juan–, en *Teogonías*, de Hesíodo, afirma: "En el principio fue el Caos" –Hesíodo (siglo VIII a. C.), el creador de la mitografía.

El verbo, es un elemento de la lengua. Uno refiere a situación en el espacio, el otro es un campo de representación. Se puede inferir el origen de la mística en la palabra "verbo", mientras que "caos" es una descripción.

Hago un paralelismo entre el elemento de un lenguaje, el verbo, y el resultado de su aplicación, el caos.

No resulta difícil el paralelismo con el *ayés*, y la frase de la creación, el verbo, ambas prefiguran el lenguaje.

***

Nada hay menos épico que el heroísmo sin objetivo; las derivas argumentales caen en el tedio cuando se dedican a desarrollar el relato de las virtudes de la forma o el medio.

Comparo a Odiseo y el propósito de volver a Ítaca; y la repercusión de esa otra epopeya, el viaje a la luna. Uno imaginario, el otro real; en uno, la dudosa promesa, una hazaña decorativa bajo la apariencia de logro para la humanidad que decanta en endeble aventura; en el otro, se desdibujan los contornos entre valentía y grotescos excesos, persiste la atmósfera sutil fuera de justificación: la fidelidad, el amor, la justicia.

Para ganar, la luna puede prescindir de los millones en financiación, transporte y tecnología.

La luna gana cuando a ella llegan los poetas, sin necesidad de la fidelidad, ni amor, ni justicia. (Leer poema **La luna**, de Jorge Luis Borges, en *El hacedor*, 1960)

***

La historia sobre encontrar la realidad, es la historia de la derrota, aproximaciones que, paradójicamente, se bifurcan, el rechazo y fundamento de eludir la cuestión hizo un mundo más manejable y tranquilizador. Aparecieron las especificidades: lenguaje comunicacional, lenguaje de representación, entre otros, para solo mirar unos ojos y contener toda esa negrura y brillos que se niegan a entrar en la realidad; es la historia del fracaso.

11 agosto 2022

Grupo Me interesa lo que escribes (Antalia Isim, administradora)

Las sombras más famosas son las de la caverna de Platón. Mucho más sorprendente aún resultará aceptar que para la ciencia esas sombras son la realidad.

Se llama principio Holográfico –en 1993 por Gerard 't Hooft, y Susskind en 1995. Postula que toda la información contenida en un volumen se conoce por la información sobre la frontera de la región limitada por el área total de la superficie, el área de dos dimensiones.

En otras palabras: la cantidad de información –palabras, el objeto que usamos para información– que están dentro de un agujero negro es equivalente a la superficie plana, la superficie de la boca del agujero negro. Es decir: la superficie de dos dimensiones es lo real, no su volumen, si pudiéramos observar el agujero desde otro punto, tal que viéramos las tres dimensiones, la realidad de la información sería la misma: la del plano, la de aquello que no se ve es inexistente –porque las partículas que no se miran tienen comportamiento de onda, no tienen ubicación espacial, por lo tanto, no se puede afirmar que estén o tenga realidad, gato de Schrödinger; las partículas con peso y ubicación son reales cuando se ven–. Cuando se mira una biblioteca: el plano, lomo de los libros es la realidad. Si extraigo un libro lo convierto a tres dimensiones, eso no es real.

En la caverna de Platón, las sombras son el mundo de dos dimensiones, el real, los cuerpos que interfieren con el foco de luz, están en la tercera dimensión no son reales.

Nosotros tampoco somos reales –aquí, el nosotros, no es especulativo, refiere a la humanidad y todo lo que significa dar cuenta de lo que percibimos del mundo y universo–, no es posible conocer la realidad. Desde el concepto de la mecánica cuántica las palabras son un trastorno que, aunque usamos para representar el mundo, lo representado no es real, las palabras crean el mundo.

Y de todas las criaturas, animales, entidades fantásticas, la única real es la sombra.

Ahora, cada vez que algo asombra es porque estaremos observando la realidad.

***

Por qué, me pregunto, tuvo el hombre que idear todas esas maravillas híbridas que solo le complicaron la vida y torcieron la realidad; si el creador fue capaz de adicionar de una costilla el ser que, como los espejos de Bioy –acusado por Borges–, capaz de replicar la especie, la mujer; decía, por qué no hizo su parte, teniendo la excelente oportunidad: la conducción bíblica de criaturas al arca, único mito a favor de la esperanza y donde, según Barthes, crea la mayor de las desdichas: engañarse sobre que controla su destino conjurando el poder de los elementos; por qué, decía, no aprovecharon los animales por encontrarse en la delectación de reacomodar las opciones…¿O así mismo ocurrió? y si los que vemos hoy es precisamente el producto de ello, en un mundo aislado donde las criaturas no tienen más que mirarse entre sí y pensar: ¿Y eso? Gesto conque el hombre inicia un cortejo…

***

Leí que se había descubierto el propósito de El Chankillo, o Chanquillo, luego de interminables especulaciones –las especulaciones, no el propósito del sitio, que era obvio– es, dicen, un observatorio solar y considerado el más antiguo de América. Con una antigüedad de aproximadamente 2200 años está conformado por trece torres alineadas de norte a sur. Se ubica en el valle de Casma, en el distrito y provincia epónima, en la región Áncash del Perú. El primer investigador que indicó la función de observatorio del ciclo solar y lunar fue el arquitecto Carlos Milla Villena, en su libro "Génesis de la Cultura Andina" (1983).

Sin embargo, me permito disentir de ello, de las torres –ya nombrarlas torres es una autoprofecía, para qué sirven las torres sino para otear.

Alineadas a igual distancia, en perfecta simetría sobre el montículo donde están montadas, se especula, a pesar de la espléndida conservación, que algunas se derrumbaron y cambiaron la altura, como puede verse en la imagen. Es decir: sin variaciones en unas, cambio de altura en otras.

Sin embargo, ninguna de las investigaciones cierra completamente, ni que fuera un fuerte, ni portal hacia otra dimensión, ni torres para otra, el propósito me resulta tan transparente como lo es el gigante de Atacama, Chile. Ambos están hechos para un significado desde un punto de vista en el que tenía sentido para otra criatura, el de El Chanquillo mostraba el lomo de una criatura terrorífica y enorme, algo hecho para espantar a otras criaturas, unas que debían ser invasoras, crueles, voraces; el petroglifo de Atacama, un espantapájaro gigante para espantar al comedor de oro, el Alicanto, criatura que debió ser magnífica, dorada, como si hubiera salido de un huevo que cacareó el sol, con la mala suerte de alimentarse con oro –si hay algo que para al hombre invisibiliza la belleza, y pierde foco ante lo extraordinario, es por el oro–. Definitivamente, esa misma criatura cruel es la tenía que repeler el monstruo del Chanquillo: el hombre.

¿El monstruo de El Chanquillo es candidato al catálogo de bestiarios?

10 agosto 2022

Grupo Me interesa lo que escribes (Antalia Isim, administradora)

Se ha mencionado a Octavio Paz, de quien estimo, ha usado todas las palabras. "Todas", refiere al acceso posible de palabras a las que una tiene acceso; sin embargo, no solo ha dado genios científicos, el siglo XX, o fines del XIX, sino también genios en letras.

Sobre sombras, que postulo como personaje, Octavio Paz escribió:

Nocturno

Nada me desengaña
el mundo me ha hechizado
Quevedo

Sombra, trémula sombra de las voces.
Arrastra el río negro mármoles ahogados.
¿Cómo decir del aire asesinado,
de los vocablos huérfanos,
cómo decir del sueño?
sombra, trémula sombra de las voces.
Negra escala de lirios llameantes.
¿Cómo decir los nombres, las estrellas,
los albos pájaros de los pianos nocturnos
y el obelisco del silencio?
sombra, trémula sombra de las voces.
Estatuas derribadas en la luna.
¿Cómo decir, camelia,
la menos flor entre las flores,
cómo decir tus blancas geometrías?
¿cómo decir, oh sueño, tu silencio en voces?
¿Cómo decir, oh Sueño, tu silencio en voces?

La palabra "nocturno" remite a espacios oscuros vinculados a recorridos marginales, quizás placeres ocultos, en todo caso, un repliegue de significados que pueden no converger.

El poema presenta una sinestesia, entre un elemento que se percibe con la vista, asociado a la luz, y el sonido, las voces.

"Cómo decir los nombres"; en un comentario de este grupo, un poeta se refirió con el mismo término a "algo", que no pudo nombrar, que hace eco en este poema; se describe el trance poético que despiertan objetos en contraste, estrellas; y las referencias sinestésicas de sonido, silencio, el contraste con el blanco, tanto de pájaros como de flor, elementos que se asocian a lo femenino, "blanca geometría", que se contrapone a la "menos flor".

La última línea es reveladora de la inquietud sobre cómo dar cuenta de las cosas con las palabras.

Esta inquietud, se planteó antes, cuando se preguntó sobre el "yo", en referencia a Barthes, el yo gramatical a diferencia del ego; o el yo, conjunción copulativa y disyuntiva de Libertella; son insuficiente para dar cuenta del yo lírico; en el poema: el sueño, cómo nombrar lo que ello significa.

Casi podría establecer un paralelo entre el *ayés*, y los acercamientos sobre lo que esas palabras no son, y éste poema que da cuenta de lo que no se sabe cómo nombrar, apenas percibimos sombras, eso que se revela con la luz, pero que no ofrece datos fieles o confiables de aquello que la provoca.

El poema parece dar cuenta de vivir el "instante", el trance poético, sombra, palabra como elemento semiótico en sus diversos sentidos, ofrece niveles de percepción de los sentidos que trascienden las definiciones de los términos, bajo un sistema de expresión de dudas, de trasmitir perplejidad sobre un hondo sentir poético, sobre lo insuficiente de las palabras.

Es interesante el epígrafe de Quevedo, que ofrece una pista en común con los poetas del siglo de oro: a tanta distancia y la fascinación sigue intacta, un sentir que los clásicos han incursionado al amparo de sentimientos y sensibilidades compartidas, más allá de las formas y los modelos poéticos de expresión, "sueño", palabra clave que pliega el tiempo.

***

A los seres fantásticos, se los ubica en el espacio: agua, tierra o aire e incluso en la nada, como los elefantes y la tortuga que sostienen al mundo; pero, hay algo en común, implícito o explícito, interno o externo, que funciona en paralelo y es tan peculiar como la criatura misma: la sombra. Un fenómeno inquietante, huella de presencia, juego mental de la percepción; accidente de los caprichos de la relación entre luz y criatura, organiza el espacio entre yuxtaposiciones e imaginarios del observador.

Bajo este concepto, colateral de personaje y contexto, propongo incorporar al catálogo de seres fantásticos a uno extremadamente único y original: la sombra de Peter Pan.

Sobre la condición de posibilidad, Peter Pan es la criatura con más posibilidades de existir, ya que la ciencia ha encontrado una partícula, el taquión, cuyo comportamiento es precisamente ese: separarse de su sombra y continuar con propiedades de partícula, mientras la sombra funciona a la deriva, sin responder a relación alguna con la partícula –cosas que pasan en el mundo subatómico.

Las sombras pasan como trucos para manipular la percepción, tomará apariencia según el dispositivo traductor del lector, lo que dispara narrativos inesperados.

Como personaje presenta desafíos: cómo describir una sombra, por su naturaleza y dependencia de la luz parece que está destinada a recurso de imagen, y aunque la imagen es también elemento de la semiótica, lo interesante es elegir por función textual y no por dificultad con el medio de expresión.

Creo, es un personaje aún no explotado en su potencialidad.

***

En comentarios sobre frases sentenciosas –sobre el formato de la literatura peruana–, se me indicó la sospecha de animosidad; dos conceptos se puede señalar al respecto, por una parte la seducción del comentario-sentencia, bajo la atmósfera de verdad; el otro: la revelación sobre su característica de lenguaje, forma literaria de sentencia. Habría dos campos abiertos: la veracidad de la afirmación, por un lado, la forma de la expresión.

La sentencia, provee la forma, dos elementos como mínimo: una aseveración, la prueba o conclusión.

Mi comentario no quiso tener en cuenta el contenido, ni discutir su validez –aunque teniendo en cuenta las reacciones, cedí en señalar opinión al respecto–. La intención, fue señalar la forma.

La sentencia suele proponer verdades prestadas, especulativas e incompletas, dentro de su componente de contenido, verdadero o falso, no son las únicas opciones, la otra es la aparente superioridad del emisor del mensaje. Por eso suele ser un formato político, periodístico, dogmático, religioso.

Enfocado en la forma, y ahora en el campo de la literatura, las sentencias son limitadas a esos tres componentes, verdad, falacia, emisor, un conjunto precario de condiciones que encubren al emisor, y seduce por la reducción.

No es que no haya originalidad en el pensamiento, lo hay en la forma. Dentro de ese modelo, los aforismos evolucionaron, ya no son binarios, caen en lo falaz por su propio peso, implican alguna superioridad moral, de pensamiento, de intelectualidad, que es aceptada de los consagrados –ya muertos, esos mismos escritores, conjeturo, encontrarían desagradable verse reducidos a palabras en señaladores de libros.

No cuestioné la verdad del postulado, sino la forma.

Luego, la explicación, sobre el contenido, mostró un mejor plano de consecuencias: la explicación. La forma personal del emisor, intenciones, inconclusión de palabras concretas para definir la forma: "quise decir que..";

justamente revela el reducido campo de lenguaje que promueve la sentencia, pretendidas certezas que quedan grandes en al propósito de la verdad, y estrechas a la literatura.

Mi comentario no apuntaba al enunciado, sino a la forma.

La misma idea, con desarrollo, literario, sostendría el contenido, dejando de lado la verdad o la verosimilitud o la representación de alguna realidad, ninguno de esos son recursos literarios, son consecuencias de ellos, de los recursos.

Para análisis de aforismos, sugiero leer el primer Wittgenstein, el *Tractatus*, es aleccionador de cómo la sentencia puede no ser reduccionista, no en referencia a cantidad de palabras, si prestaron atención, suelo señalar que menos es más, sino en sentido y forma.

9 agosto 2022

Grupo Me interesa lo que escribes (Antalia Isim, administradora)

Alguien ha mencionado que en la literatura peruana hay una marcada tendencia al foco en lo social y político; al menos en lo que he leído, concuerdo con ello, aunque pienso que las referencias a la desigualdad son comunes en Latinoamérica. Da cuenta de ello, autores ya conocidos: el *Boom*.

Los lectores: ¿qué leyeron?, ¿desigualdad social?, ¿injusticia social?, ¿nos conocieron y comprendieron?

¿Comprendieron y aceptaron la sensibilidad latinoamericana?

No lo creo, fue entretenimiento. Las editoriales encontraron un negocio. Solo eso.

Me remito al caso de Reinaldo Arenas, escritor que estando en Cuba y habiendo apoyado a la Revolución, fue perseguido, castigado, encarcelado por el régimen. Mientras, la prensa extranjera, conoció su caso a través de novelas que, con subterfugios lograba sacar de Cuba, así los editores, de EEUU, aprovecharon el Boom, con su escritor estrella, novelas como *El palacio de las blanquísimas mofetas*, *Celestino antes del alba*, *El mundo alucinante*, entre otros, escritos en Cuba, en estado de perseguido, un festín editorial. Quiso la casualidad que por error, durante un confuso episodio en la embajada peruana, donde pudo entrar por error, salió de la isla. Cuál no sería su sorpresa cuando descubrió que era un famoso pobre. De la mala manera, se percató que su obra tenía significado mientras era un disidente dentro de Cuba; arriesgaba su vida e integridad por una "verdad", que usaba el gobierno de EEUU, como prueba de que Cuba era una dictadura.

Ahora era un latino pobre en Miami. Nunca recibió ni un peso de regalías, murió indigente y de SIDA, aunque si leen su biografía, escrita por los editores que hoy reeditan su obra, quedándose con las ganancias, dice: suicidio.

Esta historia la cuenta Arenas en su último libro, autobiográfico: *Antes de que anochezca*. Su final lo contaron los amigos que le dieron una habitación y comida, para morir sin atención médica o dinero para pagarla.

Desde Hora Zero, el colectivo cultural peruano, Enrique Verástegui especialmente, emprendió la lucha por el lenguaje con el que expresó las injusticias sociales, pero era el tema, la forma, fue la verdadera rebeldía, el mensaje: no hay palabra que no sea poetizable. Y salió a confrontar, con su obra poética, que da cuenta de ello.

No es el tema, es la forma.

Por qué se lee hoy a Reinaldo Arenas, por qué a Vargas Llosa: por la forma y el lenguaje. Ni la Cuba de Reinaldo significa algo para el lector ni el Perú de Vargas Llosa es actual. Lo que persiste en ambos es la forma, los recursos de sus obras.

***

Una idea de Barthes, es que se mira más intensamente cuando se ve lo que los personajes no pueden ver. El crítico, lleva ese punto más allá, ve lo que el espectador, que mira más intensamente lo que el personaje no ve, y escribe sobre ello. O algo así.

El relato de la transmisión de las características de las criaturas fantásticas transcurre ese proceso. Cuánto más de características de terror podemos crear en criaturas, no parece que se haga más que transformarlas. Basado en ello, la creación del aliens, la película de CIFI, no deja de ser interesante, sobre todo por una característica especial: la forma del cráneo. Se ha sembrado, desde los antiguos egipcios, dioses extraterrestres, la forma del cráneo, que refiere al período de Amarna (2400 a.C.), el faraón Akenatón, el de cráneo alargado, suprimió el culto de Ra – sol– en favor del disco solar deificado, no era lo mismo que el sol, era una idea cósmica más poderosa. Tener ese "conocimiento", extraña morfología y poder de faraón, es casi un ADN del código hermenéutico, para propagar historias que inspirarían los relatos del futuro.

Pero no es la única fuente. Están los cráneos de cristal de cuarzo, silicio. Uno en especial, el más enigmático, es la réplica de la cabeza alargada de Akenatón. Se encontró en México, se estima de más de 2000 años de antigüedad. Qué se traslada de Egipto a Tenochtitlan, desde un país de misteriosas pirámides a otro país de otras igual de misteriosas pirámides, parece sugerir: por aire.

Recorrí algunas de las criaturas fantásticas, cuya morfología, poderes e impacto se han descripto en textos e historiadores de la antigüedad, pero ninguna con esa característica que cuenta con arcanas evidencias físicas. ¿Vendría el género de CIFI a revelar un detalle que se les escapó a los compiladores de animales fantásticos?

Enigma que me elude.

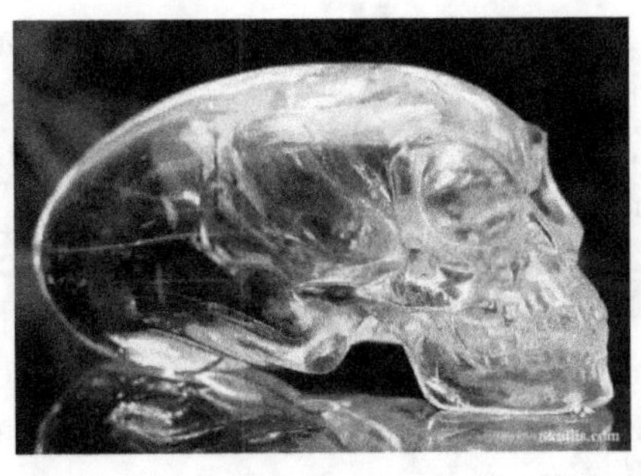

***

La mantícora, criatura díscola, suele cambiar levemente de configuración, desde Persia, sus orígenes, Egipto y hasta llegar a Grecia, detalles que varían: la cola, a veces de púas, a veces un aguijón como de escorpión, que puede lanzar, a veces de dragón. A veces con alas de murciélago o no; a veces con caparazón de tortuga o sin caparazón; con cuernos o no, el cuerpo de león, rojo o no, la versiones suelen coincidir en la cabeza de hombre con tres filas de dientes y la dieta de comer hombres.

Está incluida en *Naturalis Historia* de Plinio el viejo, así como en *Historia de la india*, de Ctesias, médico griego en el siglo IV a. C., y en *De Natura Animalium* (IV), de Claudio Eliano, cuya obra fue utilizada como base para bestiarios europeos durante la Edad Media. Confirmación entre sí, de su existencia; hay descripciones, aunque nadie la haya visto comer hombres o lanzar flechas.

El relato del relato es un modelo de relato que replica *Manual de zoología fantástica*, de Jorge Luis Borges y Margarita Guerrero, descripción de la criatura, fuente, características y la referencia de los bestiarios de la antigüedad. Literatura de la descripción, no hay relato que la coloque en alguna acción, aunque sea para funcionar como el proverbio: «El aleteo de las alas de una mariposa se puede sentir al otro lado del mundo». Este proverbio chino, junto a las investigaciones del matemático y meteorólogo Edward Lorenz, teoría física: el efecto mariposa. Según este concepto vinculado a la teoría del caos, el aleteo de un insecto en Hong Kong puede desatar una tempestad en Nueva York.

En un sistema no determinista, pequeños cambios pueden conducir a consecuencias totalmente divergentes.

Las criaturas con solo estar descriptas sin su correspondiente épica, o sea el aleteo que haya producido una tormenta en el presente de lo único que dan cuenta es de la imaginación y de lo influenciable que eran los relatos para infundir terror.

Las más exitosas de las criaturas se logra cuando se las coloca en escenas épicas, como la de San Jorge y el dragón, la elcina con el barco de Odiseo.

Contamos con esos catálogos de criaturas fantásticas, esperando que les encontremos sus relatos, desperdigados en los bestiarios, como el de Borges. ¿Se pueden utilizar estas terroríficas criaturas, en la actualidad, sin caer la caricaturización que a nadie asusta?

Desafío.

8 agosto 2022

Grupo Me interesa lo que escribes (Antalia Isim, administradora)

Ya decía yo que traería consecuencias.
Esas palabras.

Página en blanco de Vicenta Castro Cambón

DAME el lápiz y déjame que escriba;
verás cuán fácil cosa
es llenar esta página con versos
ya que en blanco esta página te enoja.

¿No sabes tú que un libro tengo en blanco
por no llenar sus hojas
con versos que son versos de mi estro
y que ni al viento confiaré en estrofas?

Miro tu alma y el lápiz abandono:
luego dirías "sobra"
por la página que hoy echas de menos.
Quede en blanco lo mismo que cien otras.

A saber, lápiz, cosa, página, versos; libros, hojas, versos, versos, viento, estrofas… Hay parece, un solo fondo y forma. Esas palabras.

"Miro tu alma y el lápiz abandono:"

Quiero hacer notar que no es ni tinta, ni lapicera. Hoy cómo escribiríamos este concepto, esas palabras, cuando solo movemos los dedos.

Antes las dedos estaban entintados, luego amarillos –de los que fuman–, ahora problemas con el túnel metacarpiano e inflamación de tendones de la muñeca, por el celular.

Esto hace referencia a un principio del poeta Enrique Verástegui, peruano: no hay palabras que no puedan entrar en un poema.

Desafío lanzado.

***

A quién le cabe: gotas, saliva, el enigma científico, encarnadas en enunciaciones herpetólogas, reptan, conspiran a contra corriente, una taxonomía elusiva; el virus, castigo de dios, tormenta de irrealidad, nada enseña a morir, ni la duda ni el amor, acaso la indiferencia.

***

Experimento literario

Con permiso de <u>Eduardo Lázaro Díaz</u> por usar su material para indicar algunos elementos de la poesía.

La poesía no tiene por qué ajustarse a un sentido gramatical, sino semiótico. El tiempo no es lineal, o está ausente, y la forma, los silencios aporta al sentido. Tomé dos textos de Eduardo, que por recursos de la fónica y textura, podían expresarse como poemas, enriqueciéndose entre sí.

Fuenteovejuna

Verídico

Los aldeanos corrieron hacia la cabaña

La materia estalló expandiéndose

Una joven yacía pálida e inmóvil entre un cadáver y la bestia.

la gravedad diseñó arquitectura sidérea, un astro tornó azul, lo vital se hizo viral

La inquisidora mirada de la muchedumbre tornó hierros ruidosos que cortaron el aire,

un primate bajó de los árboles engendrando descendencia y excusas.

el silencio y la sensatez.

Hubo reyes, guerras y héroes.

Furia grana salpicó cada rincón del paredón excepto la faz de la joven pues logró protegerse con una caperuza, antes blanca, y un subterfugio.

Y los dados de Dios me trajeron aquí para ensayar un final para esta breve historia.

Lázaro Díaz.

Este experimento expone el uso de la identación de espacios. En ocasiones he observado que es un recurso que no se considera. Este ejemplo, me dió oportunidad de sugerirlo cómo correlato de algunas poéticas, que potencian el sentido.

7 agosto 2022

Grupo Me interesa lo que escribes (Antalia Isim, administradora)

El blanco no es solo un color, es un paradigma. Las criaturas aparentemente pacíficas o las cosas, como los cisnes, la luz, los brillos naturales, escenarios idílicos, de color blanco, informan algo biológico, detonan el comportamiento filogenético, predispone a sentimientos de complacencia. La blancura funda su prestigio en la evidencia de un efecto. Entre dos animales o cosas de diferente grado de blancura, habrá inclinación por aquella que sea más blanca; la percepción de este color otorga valor, por encima de su función. Según Roland Barthes: la materia está provista de estados-valores.

El blanco impacta en los sentidos, es la leche que nos trae al mundo, el semen, como la que nos alimenta al iniciarlo, es la espuma etérea, la gracilidad de las nubes como tules o tules como nubes, la pureza; explicaría el color de los unicornios, Pegasus, Leda; es destacable el blanco de Calvin, el extraterrestre de la película *Life*, que es blanco, apuesta audaz, en tensión con los juicios que ha creado el color sobre los criterios de belleza como sinónimo de bondad.

Reflexión que me llevó a pensar, cómo hubiera sido la evolución de algunos hechos o historias si tan solo fueran blancas: el fuego, el kraken, King Kong, Godzilla, el petróleo.

Calvin, solo por el color, ya consigue hacer creer que es una criatura inofensiva, lo que resulta un hallazgo interesante: contradecir lo que instala un color.

En el cuento Circe, de Julio Cortázar, hay una idea similar. Cada vez que se menciona el color blanco se neutraliza el poder del color, sugiere muerte: relleno de bombones, blanco, como veneno; el blanco de las cucarachas por dentro, y otros detalles.

Qué interesante desafío: crear contradiciendo la percepción entrenada por la experiencia o el diseño biológico.

***

El pulpo, elcina, kraken, metáfora de males y deliberadamente crueles, monumentales, con la función de representar peligro y evitar que Odiseo avance en su propósito; el pulpo como el instrumento, el pulpo como metáfora, sinécdoque.

El siguiente poema es sobre el pulpo mismo, sus cualidades fascinantes, el impacto que causa una criatura que mide, piensa, estima, juzga; una criatura que genera preguntas y la crueldad es de otra criatura. Revela matar la belleza, matar el misterio, expresa la perplejidad del acto destructor.

Poema del mexicano José Emilio Pacheco. Autor de la extraordinaria novela *Morirás lejos*.

El pulpo

Oscuro dios de las profundidades,
helecho, hongo, jacinto,
entre rocas que nadie ha visto, allí, en el abismo,
donde al amanecer, contra la lumbre del sol,
baja la noche al fondo del mar y el pulpo le sorbe
con las ventosas de sus tentáculos tinta sombría.
Qué belleza nocturna su esplendor si navega
en lo más penumbrosamente salobre del agua
madre,
para él cristalina y dulce.
Pero en la playa que infestó la basura plástica
esa joya carnal del viscoso vértigo
parece un monstruo; y están matando
/ a garrotazos / al indefenso encallado.
Alguien lanzó un arpón y el pulpo respira muerte
por la segunda asfixia que constituye su herida.
De sus labios no mana sangre: brota la noche

y enluta el mar y desvanece la tierra,
muy lentamente, mientras el pulpo se muere

José Emilio Pacheco

El peso de la representación se basa en sustantivos, dios, helecho, hongo jacinto, ubican a la criatura en su entorno.

Roca, abismo, sol, noche, mar, pulpo; el entorno.

Ventosas, tentáculos. Qué belleza. Hasta ahí, se presenta a la criatura con sus cualidades.

A partir de allí, las acciones y adjetivos crean un clima inquietante: infestó, viscoso, monstruo, garrotazos, muerte, asfixia, sangre, enluta, desvanece.

Indicios de un enfrentamiento. Odiseo y el elcina. El resultado es el mismo, el pulpo muere, pero esta vez, entristece. Ahí termina el poema, nada hay, ni hay objetivo, solo crueldad.

***

Leí un par de cuestiones interesantes respecto a escribir sobre personajes de leyendas o mitos —la obviedad es que además de haber estado yo haciéndolo en este grupo, hay miles de relatos de todo tipo con los mismos personajes y por supuesto, revela que el que pregunta no es lector–, el personaje por el que pregunta, es La llorona, mi comentario es, creo, de sentido común: quién va reclamar: ¿la llorona?

La segunda cuestión, es más interesante: ¿se puede escribir sobre un personaje conocido, ejemplo: Ted Bundy, el famoso asesino, más exactamente inventarle un amigo?

Esta cuestión, aunque también parece obvia de alguien que no lee, no lo resulta tanto: hubo un caso, en Argentina, que fue a juicio por el uso de personajes de la vida real. La novela de Ricardo Piglia, *Plata quemada*. La novela originó la presentación de una demanda, "Galeano, Blanca Rosa c/Piglia y otros/daños y perjuicios", familiar de una de las personas que inspiraron el argumento. Delincuentes argentinos, Roberto Dorda, Marcelo Brignone y Carlos

Merelles, roban un banco, escapan a Uruguay. Fue un robo desastroso, que terminó en una masacre. El fallo concluye la inexistencia de responsabilidad, por tratarse de un hecho de dominio público.

Como los testigos fueron escritores, se colaron algunos detalles. Lo que molestó a la familia era que en la novela, había indicios de la relación homosexual entre personajes. Y otro detalle a favor: una novela es ficción, nadie dice que fuera realidad. Si alguien lo toma como real, el autor no es responsable por las especulaciones y suposiciones de los lectores.

La cuestión es: cuando las historias son públicas, se puede reescribirlas como se quiera. Puede haber consecuencias legales, lo que será una molestia pero también un beneficio, la novela fue un éxito de ventas.

***

El giro que desbalancea, la geografía. Esas palabras. Cambian el eje terrestre para el escritor, esquiva, plural; el mal, la herida, el tajo sin fin. Esas palabras. Basta que alguien las conjure para que se abra un vórtice, el límite hacia un agujero negro, las cosas empiezan a girar, a desaparecer; se ausentan neutralizando la pasión, el desenfreno; todo cae allí: objetos, vicisitudes, el amor, vos y yo, todo: la página en blanco.

5 agosto 2022

Grupo Me interesa lo que escribes (Antalia Isim, administradora)

Me pregunto si los relatos sobre criaturas fantásticas entran en la categoría de terror. Fantasía es clasificación insuficiente. No se puede comparar la lucha del San Jorge y el dragón con el kraken de Odiseo (siglo VIII a.C., narra una leyenda micénica situada en el siglo XIII a.C.).

Homero describe un monstruo de múltiples cabezas, entre otras características que no vienen al caso, el escilia.

Algún revuelo de versiones lo confunde con el kraken, de origen escandinavo, un pulpo gigante (1250, aunque con diversos nombres).

El punto es que, la elección de ambos monstruos, refiere al pulpo o calamar.

Actualmente, se sabe que el pulpo tiene un cerebro que funciona como un cerebro múltiple que se ramifica en los tentáculos, tiene respiración branquial, adquiere el oxígeno del agua, lo que hizo que desarrollara tres corazones, uno lleva la sangre oxigenada al cuerpo y los otros dos para transportar la sangre sin oxígeno a las branquias.

Este es candidato, como el murciélago, a extraterrestre.

Pero, cómo sabía el autor del Ulises, miles de siglos atrás que ese artrópodo sería tan inteligente y tuviera voluntad específica de seres inteligentes.

Al igual que la leyenda escandinava del kraken.

Tanto el escilia como el kraken comparten la característica del animal que pretenden representar, el pulpo.

¿Homero tendría información del futuro?

***

Alguien suele escribir: "Ay Ana" –sin la coma entre ambas palabras–, el ayés, es uno de los lenguajes más difíciles, no importa con cuánta circunvalación de palabras lo quieras explicar, vas por acercamiento y negación y te elude, es metafísico.

Hace unos post, comenté sobre Gong Sulong, (320 a.C- 250 a.C) el pensador chino, sobre su *Tratado sobre el caballo blanco*, del que persiste la frase que afirma «un caballo blanco no es un caballo».

Diferenciando entre lo particular, el caballo blanco, y lo común, el caballo en general, el argumento es entonces, que un caballo blanco no es un caballo.

Reflexionando sobre el *ayés*, "Ay Ana", no es lo mismo que "Ay" o "Ana", ambos el general; y "Ay Ana", el particular. Implica que así como caballo, puede ser, bravo, loco, negro, hermoso, etc., el "Ay", crea toda una cosmogonía infinita. "Ay mundo", "Ay perdón", "Ay infierno".

Alguien, un poeta, me indica que el *ayés*, es una expresión del sentir. Es una aproximación: el *ayés* no se ajusta al canon gramatical. El *ayés* es lenguaje poético. Diferenciando lenguaje de recursos retóricos.

***

El *ayés*, sospechado de sinécdoque.

La sinécdoque es la parte por el todo, en cambio el *ayés* es más complejo. Una característica diferenciadora: la sinécdoque tiene una interpretación que lo justifica; el *ayés*, elude la interpretación.

***

Citan a la biblia, pasaje de los dariseos como fuente del *ayés*.

Pienso que ese es de uso gramatical. El *ayés* es de otra dimensión. La dimensión poética. Pero siendo un lenguaje tan complejo, cuyo propósito te elude, quién lo sabe.

***

El "Ay", del *ayés*, no es el de la intersección, ¡ay¡. El *ayés* es una cosmovisión. No es fácil interpretarlo, lo he intentado. He dicho "Ay ..." y acompañado de sustantivos, nombres, verbos, adverbios, adjetivos para probar si el *ayés* me revela su significado. Solo logro especulaciones inconcluyentes.

✳✳✳

Ya conocí al hombre de mi vida; pero, he llegado tarde a su vida, él ha llegado tarde a la mía, los dos hemos llegado tarde. No queda más que acurrucarme entre palabras, la región más vasta para esconder el estupor.

✳✳✳

Criaturas fascinantes, estilizadas, gráciles, bellas, terroríficas, han pasado algunas, por estas crónicas; así como los autores que dieron cuenta de ellas, cada una con características asombrosas en agua, tierra, aire; pero hay una criatura, del mundo real, sin mixturas ni hibridez, que tiene el honor de la superioridad de todas por portar la tierra: el elefante.

Específicamente, cuatro.

En cuatro elefantes, a su vez sobre una gigante tortuga, se posa la tierra.

La tierra plana, *Mundodisco*; la descripción es de la novela de Terry Pratchett. Publicada en el Reino Unido en 1990, tres hechos resultan particularmente interesantes de ese texto: el mundo plano plantea un arriba y un abajo, la preocupación de sus habitantes se desplaza hacia el género de la tortuga –desconocido para los habitantes–, ya que flotando en el espacio podría encontrar a otra tortuga; cobra importancia que soportando la tierra, y los elefantes, qué pasa si es hembra y un macho la monta. El amor cancelaría la vida de *Mundodisco*.

Es singular que en este mundo, el protagonista, es un mago, Rincewind – paradójico tener el poder de la magia y ser fracasado.

El relato es paródico, intertextualidad de novelas como el mito fáustico –referencia a la novela de Goethe–, los Mitos de Cthulhu –horror cósmico, 1921 a 1935 de Lovecraft–, espacios como el Quetzalcóatl –serpiente emplumada azteca, cultura mesoamericana–, e incluye una mujer en la que es fácil encontrar el referente de Elena de Troya.

La zaga es un ejemplo de posmodernidad, intertexto de obras de Tolkien, Shakespeare y otros.

Un personaje porta una guadaña, cuyo filo es capaz de cortar la pronunciación de las palabras, El Segador –poder superior a cualquier otro, ya que la palabra otorga existencia–, La Muerte es de sexo masculino.

El elefante, símbolo de la cultura india, representa protección, inteligencia y buena suerte. De gran significado espiritual, admirado por su longevidad, inteligencia y fuerza.

Los elefantes y la tortuga, serían algo así como un estadio superior al de los seres fantásticos; responsables del mundo espiritual y físico donde otras criaturas sueñan, viven, mueren. Me refiero al hombre.

***

Sobre poemas de plumas sutiles, livianas, proezas, y demás inspiraciones sobre el objeto, hay interesante intensidad y desarrollo escritural; la gracilidad etérea fascina.

Pero qué hay de los más pesados, cómo encontrar la palabra justa el verbo perfecto, el sentimiento que se acomode a objetos ajenos a las sutilezas.

Por ejemplo, el elefante. Sobre elefantes volando, hay uno infantil, Dumbo; y el comentario en *The Paris Review*, en 1981, recomendación de Gabriel García Márquez en referencia a su estilo como escritor donde acerca lo periodístico a lo fantástico y remitiendo a Kafka y a Faulkner.

«Por ejemplo, si dices que hay unos elefantes volando en el cielo, la gente no te va creer. Pero si dices que hay 421 elefantes volando en el cielo, puede que lo crean».

Quienes osaron tomar al elefante como metáfora y usar su nombre, honra, destino, y belleza monumental…

La voz del espejo.
César Vallejo.

Así pasa la vida, como raro espejismo.
La rosa azul que alumbra y da el ser al cardo!
junto al dogma del fardo
matador, el sofisma del Bien y la Razón!

Se ha cogido, al acaso, lo que rozó la mano;
los perfumes volaron, y entre ellos se ha sentido
el moho que a mitad de la ruta ha crecido
en el manzano seco de la muerta Ilusión.

Así pasa la vida
con cánticos aleves de agostada bacante.
Yo voy todo azorado, adelante..., Adelante,
rezongando mi marcha funeral.

Van al pie de brahmánicos elefantes reales,
y al sórdido abejeo de un hervor mercurial
parejas que alzan brindis esculpidos en roca
y olvidados crepúsculos una cruz en la boca.

Así pasa la vida, vasta orquesta de Esfinges
que arrojan al vacío su marcha funeral.

Los brahmánicos elefantes reales refiere a la rigidez
dogmática de la casta sacerdotal, del brahmanismo –con
origen en el budismo– como depositaria exclusiva de la
religión, la ciencia y el poder socioeconómico que propone
la religión.

El "abejeo", refiere al pueblo, no cualquier insecto,
sino el esclavo de la realeza. Las múltiples referencias del
poema, son una forma de metáfora sobre lo social, en Perú.

Es común introducir al elefante en este rol de criatura
magnífica para impresionar, pero esclava.

La figura del elefante, en una interpretación simbólica de su intervención en geográfica, es común en la poética clásica.

En *Danza oriental* de Medardo Ángel Silva, se lee, en el contexto de escenario asiático –fragmento.

Como a compás de una rapsodia
mueve las túnicas brillantes;
son su custodia
ceremoniosos elefantes.

En el contexto brahmánico, *Epitalamio ancestral*, Julio Herrera Reissig –fragmento.

ungieron tu sandalia, urna de raso,
a tiempo que cien blancos elefantes,
enroscaron su trompa hacia el ocaso.

/*/

Formando Batüel castillos de oro, Lope de Vega – fragmento.

Formando Bathüel castillos de oro
en los camellos árabes gigantes,
y sobre los asirios elefantes
de las doncellas el honesto coro.

/*/

Grandes, más que elefantes y que abadas, Góngora – fragmento.

Grandes, más que elefantes y que abadas,
títulos liberales como rocas,
gentiles hombres, sólo de sus bocas,
illustri cavaglier, llaves doradas;

                              ***

Otro arbitrario momento. El amor, parece no detonó reacciones, probemos el antónimo desamor.

He renunciado a ti. No era posible
Fueron vapores de la fantasía;
son ficciones que a veces dan a lo inaccesible
una proximidad de lejanía.

(La renuncia, fragmento, Andrés Bello)

                              /*/

Es una lástima que no estés conmigo
cuando miro el reloj y son las cinco
y soy una manija que calcula intereses
o dos manos que saltan sobre cuarenta teclas
o un oído que escucha como ladra el teléfono
o un tipo que hace números y les saca verdades.

(Amor, de tarde, fragmento, Mario Benedetti).

                              /*/

Se me va a hacer llagas este cuerpo solo,
se me caerá la carne trozo a trozo.
Esto es lejía y muerte.
El corrosivo estar, el malestar
muriendo es nuestra muerte.

(He aquí que tú estás sola y que estoy solo, fragmento, Jaime Sabines).

                              /*/

Te vi desierto, deshabitado y extraviado.

(Cuatrocientas doce lunas sin ti, fragmento, Nahui Olin).

/*/

Tengo todo un tesoro de lagunas y ausencias,
un muestrario completo de páginas en blanco.
(Cosas que no tendremos, fragmento, Josefa Parra).
Sangre sería y me fuese en las palmas
de tu labor, y en tu boca de mosto.
Tu entraña fuese, y sería quemada
en marchas tuyas que nunca más oigo,
¡y en tu pasión que retumba en la noche
como demencia de mares solos!
¡Se nos va todo, se nos va todo!

(Ausencia, fragmento, Gabriel Mistral).

/*/

te remuerden los días
te culpan las noches
te duele la vida tanto tanto
desesperada ¿adónde vas?
desesperada ¡nada más!
(La enamorada, fragmento, Alejandra Pizarnik).
Rota, al sur de los párpados, resbala, pábilo, huella, hacia el sepulcro, la boca, sellado de ausencias
(Antalia Isim).

4 agosto 2022

Grupo Me interesa lo que escribes (Antalia Isim, administradora)

Muestro los dientes así, expelo; abro los ojos, que ahora son como espejos, cuando el poeta ve su reflejo en mi pupila, no se ve a sí mismo, sino a su terror resbalando por la curva de las palabras que caen por su garganta, vocablos que retroceden, el miedo vive de la fuga de las palabras; cuando están las que decidí, desaparezco.

Queda el poeta, con las cláusulas oraculares que puse en él, la pulsión expansiva, un enjambre gestual.

Para la eternidad, los dragones no miramos al cielo o nos balanceamos en nubes o experimentamos con la dialéctica, solo miramos al poeta.

✲✲✲

Convivían con dragones –y los que no, tenían ganas de convivir–. Cuando Gong Sulong, (320 a.C-250 a.C), pensador chino. Dejó fragmentos en rollos sobre la lógica de la filosofía china. En la cual la más conocida *Tratado sobre el caballo blanco*. Del cual persiste la frase conocida que afirma «un caballo blanco no es un caballo». Consideraba que existía una gran diferencia entre lo particular, el caballo blanco, y lo común, el caballo en general. Por este motivo argumenta que un caballo blanco no es un caballo.

A la historia le gustan los rulos anacrónicos y a Borges enredarlos aún más. En *Otras inquisiciones* (1952), en el relato *La muralla y los libros*, dice que el emperador, constructor de la muralla (221 a.C.) Shih Huang dispuso que se quemaran todos los libros anteriores a él. Dos actos y decisivos: bisagra para la humanidad, la muralla y cancelar la historia y la poesía.

Sobrevivieron los rollos de la quema, y subsiste la filosofía Gong Sulong, muralla no es lo mismo que muralla china; la general: muralla, y la particular: muralla china.

Había que quemar ideas, erradicar la filosofía, arte, poesía, eran peligrosos porque sembraban pensamientos de libertad y derechos.

Cómo esconder arte y filosofía: con la adivinación, medicina y la guerra, que eran libros que no se quemaban. Armar poderosas luchas entre hombre y criaturas y se salvaban de ser quemados.

Shih Huang pasó a degüello a intelectuales y sobrevivieron los fabuladores.

Se salvaban los de guerra y medicina; ser una criatura que propaga peste, expele fuego, asola aldeas, representa

53

todos los males, salva los libros y al autor; sobreviven al relatar batallas épicas, y crear héroes. Y como era práctica común, comer una parte de una criatura tan brava y poderosa, traslada los atributos –recordemos al Conde Drácula, comiendo murciélagos, creyendo que lo mantendría joven; comer partes de dragón parecía consecuente, aunque fuera como las ropas invisibles del rey, algo que nadie vio –, fórmulas medicinales con fragmentos de dragón protegían al libro y al autor. Las pócimas incluían ingredientes como la sangre que concedían poderes curativos sobre los cálculos del riñón y la ceguera, y otros por el estilo, para todos los males del cuerpo. Fórmulas que persisten en la medicina china actual, se extrae de cocodrilos y serpientes pero mantiene el nombre de provenir de dragones.

El mero cambio de tipo de relato de los animales fantásticos convirtiéndolos en criaturas bélicas los ha salvado de la hoguera.

Cómo compiten contra esa práctica y épica, chanchos y vacas voladoras, con sus dulces expresiones y hábitos predecibles.

3 julio 2022

Grupo Me interesa lo que escribes (Antalia Isim, administradora)

La verdad, no creo que dure mucho eso de los chanchos voladores. Para qué querrían los chanchos volar si ahí arriba la comida cruda es difícil de atrapar; los pájaros hacen valer la experiencia en maniobra y velocidad.

Y la luna está demasiado lejos y se especula que habría testigos de que no es de queso.

Masticar nubes es más aire que sólidos, ya se sabe que tragar aire es propulsión descontrolada.

Para qué van a volar los chanchos. Me pregunto.

***

Sobre chanchos volando, el más icónico se debe al álbum de Pink Floyd, *Animals*, debido a la serie de sucesos que provocó el chancho volador.

Un 3 de diciembre de 1976, Londres se asombraba de ser testigo del chancho volador. Una idea de marketing del grupo de Roger Waters. La tapa del álbum era el chancho flotando entre las dos torres de la central eléctrica de Battersea

El chancho rosa, al que llamaron Algie, se soltó. Como si hubiera decidido su libertad, los testigos aseguraron que actuaba por propia voluntad. Rompió las cuerdas que sujetan su estructura y se marchó –música de Un velero llamado libertad, de Carlos Rivera y voz de José Luis Perales.

Se elevó, poniéndose en curso de la ruta de vuelo del aeropuerto de Heathrow. Las autoridades de la Aviación Civil emitieron una advertencia a los pilotos para que estuvieran atentos a «los cerdos voladores», literalmente.

Tuvieron que obligar a los vuelos a que aterrizaran.

Powell, cofundador del grupo de arte Hipgnosis, responsable del chancho volador, fue arrestado.

La fuerza aérea y otros recursos, como helicópteros, tuvieron que perseguir al chancho volador.

Hasta que Algie cayó sobre un establo en una granja lechera en Godmersham en Kent.

El dueño se quejó porque algunas vacas murieron del susto –para mí, las vacas imitaron al chancho, ahora en modo espíritus libres, voladores.

Con el revuelo, la foto para el álbum, no pudo concretarse; así que lo intentaron nuevamente; un chancho inflado de 13 metros, mejores cuerdas y un instrumento tipo horqueta, para derribar al chancho, en caso que decidiera volver a volar por su cuenta.

Los chanchos voladores y vacas voladoras, vienen a ser animales fantásticos de la actualidad.

***

Pegaso, Pegasus nació de la sangre de Medusa, cuando Perseo le cortó la cabeza. Cabe la pregunta: para qué necesitaba Perseo un caballo con alas, si él mismo tenía las sandalias con alas que le había regalado Hermes. De igual modo, tanto el mitógrafo Hesíodo describe a Perseo como el jinete de Pegasus, como Ovidio.

Una placa de terracota melia del siglo V a. C. muestra a Perseo con la cabeza de Medusa y a lomos de un caballo que, si bien no lleva alas, lo identifican con Pegasus, debido a que en otra placa melia Belerofonte también cabalga sobre un caballo alado, cuando da muerte a la quimera (425–420 a. C.).

Pegaso, Pegasus, Pigasus, la mutación en una letra y se pliega el tiempo y la historia –tal vez una mariposa aleteó.

Pigasus, contracción del inglés pig, "cerdo" y Pegasus, fue un sello particular del escritor estadounidense John Steinbeck, consistente en la figura de un cerdo alado.

Este símbolo iba acompañado del lema latino «Ad astra per alas porci» ("hasta las estrellas en las alas de un cerdo"), frase con que el autor se identificaba, se consideraba un espíritu «terrenal, que aspira a volar», algo «torpe» y de «escasa envergadura para el vuelo, pero con la firme voluntad de conseguirlo».

En ocasiones, durante las firmas públicas de sus libros, Steinbeck garabateaba un Pigasus junto a una dedicatoria – gesto que replica Vila- Matas, el español, pero con una imagen se te representa a sí mismo.

Habiendo criaturas esplendorosas sobre las cuales imaginarse volando, el escritor aspiraba a chanchos volando. No hay que subestimar los deseos de un escritor, sobre todo cuando fue premio Nobel 1962.

El cerdo volador, Pigasus, fue escogido por los Yippies –variante de "hippies", partido político antiautoritario, pro libertad de expresión y antimilitarista, altamente teatral, establecido en Estados Unidos de América en 1967–, sarcasmo contra el presidente de EEUU de 1968, que convirtió a Pigasus en un miembro de un partido político.

Única criatura de las fantásticas en tener su propio partido político.

Composición tema: El chancho.

***

Me encanta la palabra gárgola – del francés *gargouille* 'producir ruido semejante al de un líquido en un tubo', latín *gurgulio* y griego γαργαρίζω 'hacer gárgaras'–, siendo de origen prosaico –es el nombre de la canaleta de agua para conducir la lluvia de los tejados–, su nombre evoca imágenes mágicas y detona fascinación por la fealdad, medio animales, medio humanas. Tienen fama de proceder del mundo gótico, pero las primeras gárgolas provienen de la edad media, del antiguo Egipto, del mundo islámico desde los tiempos de Mahoma, de los templos griegos; bocas de león por las que se desaguaban líquidos; era una solución de ingeniería hidrodinámica, ya que evitaban que el agua chorreaba por las paredes y terminaran debilitándolas.

Una solución técnica, terminó en una idea mágica. Gárgolas, es un término genérico para animales fantásticos, grifos, hipogrifos; pero el imaginario popular tomó sus decisiones y las gárgolas, en vez de conductos de desagote, pasaron a ser figuras imponentes adoptadas por los arquitectos de las catedrales; las más famosas las gárgolas de Notre Dame, en París, con el fin útil de desagotar la lluvia, y conviven con las quimeras, meros adornos.

Del famoso incendio del 2019, hay misterios, como que las gárgolas se salvaron, y también los rosetones, los más antiguos, de los siglos XII, que representan a la Virgen, el Niño Jesús y al Cristo Majestad –curioso título para un representante de la teología que se supone derrocó los reinados–, y algunos vitrales de santos y ángeles, que le hicieron una mueca al positivismo comptiano.

De las gárgolas, recientemente se han tomado como inspiración para monstruos que despiertan de las piedras, pero desde que existen, lo que se ha propagado es la fascinación de su fealdad, en una época en que eso significaba protección –parece contradictorio–. Las gárgolas, moderadas, invisibles, sin grandes épicas, poco a poco se ha convertido en una especie de personaje imprescindible; está en todas las épocas, como los dragones, pero sin su épica; ha influenciado en las culturas de la antigüedad –y en la actualidad a las películas de ficción fantástica–, se encuentran gárgolas en la arquitectura persa, omeya, selyúcida, otomana, abasí, fatimí, timúrica, safávida, áfricana, china, islámica; geografías como India, Bangladés, Bután, Nepal, Pakistán y ciudades de peregrinaje religioso; como protectoras –espías–, en templos cristianos, musulmanes, mezquitas, edificios, jardines, palacios, columnas, baños públicos, fuentes, arcos, cúpulas, tumbas, etc.

Las gárgolas están entre nosotros, nos espían; tienen más funciones que solo trasladar agua, guardan en sí secretos inmemorables, lo saben todo, y no se las percibe como peligrosas.

Casi, casi, coincidentes cualidades de las gárgolas, nuestros dispositivos móviles, quizás mutaciones de las gárgolas

***

Postulaciones, a saber. En el año 1997 –casi el precámbrico de los celulares, dice la historia que existía un dispositivo denominado Simon Personal Communicator considerado el primer celular PDA de IBM y un tal BellSouth, que incluía calculadora, fax, correo electrónico. Su peso era de aproximadamente 500 gramos, ¡medio kilo!, y tenía el módico precio de 900 dólares, ¡un pasaje de avión a Europa! Me encantaría un museo de estos fósiles–, en ese año, decía: una vaca voló.

La vaca, paralelepípedo funcional, rumiador de quién sabe qué poemas, con manías de andar a tientas en el campo, con sus misterios –las vacas, por qué son blancas y negras, si la naturaleza le ha dado a tantos animales las características de mimetizarse con el ambiente; según la teoría de la evolución debieron quedar las marrones y eliminar a las vacas blancas y negras o mutarlas a verde. La naturaleza tiene muchas cosas que explicar.

Lo cierto es que la vaca voló.

Y si no fuera la escenografía fortuita y la maquinaria consecuente de la gravedad, nadie se hubiera enterado que la vaca voló.

Por falta de experiencia, voló hacia abajo.

La interceptó, dijeron, un bote japonés —era una vaca rusa, corrió con el estigma de ser un nuevo concepto de misil—, un diálogo irrestricto que terminó con la vaca, el bote, y al damnificado japonés, que lo mandaron a un psiquiátrico por andar contando que una vaca voló y lo hundió —las investigaciones demostraron que tenía razón, la vaca voló, y gracias al incidente, descubrieron un contrabando de vacas en aviones militares rusos. La vaca, se especula, pensó que era una gran oportunidad, otros dicen que simplemente la empujaron por problemas en el avión.

Cada lector, se puede quedar con la versión que le acomode, pero hay una realidad ineludible: la vaca voló. ¿Se puede considerar a la vaca como una de las estrellas de las criaturas fantásticas?

Acaso no hay chanchos voladores, serpientes voladoras, equinos voladores, por qué discriminar a las vacas. Postulo a la vaca como integrante de bestiarios.

¡Ah!, y sobre el celular brontosaurio, por más que se cotizaran como en el mercado de hacienda de las vacas, por kilos; y costasen más que el viaje en avión de la vaca, yo postulo a la vaca.

Composición tema: La vaca.

2 agosto 2022

Grupo Me interesa lo que escribes (Antalia Isim, administradora)

Hay un momento en que se elige una filosofía que se acomode a la realidad que se está manifestando, en esta época, los medios, la Internet, se disfraza de medio independiente y se enmascara como expresión espontánea.

Esta deliberada relación entre realidad y medio, tiene origen en el positivismo comptiano, postula que sociedad y mundo físico responden a normas generales, pone en cuestión el tipo de conocimiento que, se supone, proviene de la metafísica, la teología; el positivismo viene a derrocar asuntos que no dependen de la experiencia a través de los sentidos.

Auguste Comte (1798-1857), luego vendrían los herederos positivistas, Charles Darwin (1809-1882), Herbert Spencer (1820-1903), Friedrich Nietzsche (1844-1900), y otros.

La filosofía que se adopta en la actualidad tiene como necesidad sostener el liberalismo, como un sistema universal que asegura la convergencia en una cultura de la tecnología. Declararon a los animales imaginarios como entidades simbólicas; tanto sirenas, habitante del agua, centauros y unicornios, terrestres; caballos alados y dragones, del aire; y a las entidades de santos, ángeles y otros pertenecientes a la teología.

En vez de la población de los seres imaginarios, estamos nosotros en un espacio imaginario, el espacio virtual.

Nada más fácil que permear el pensamiento sobre el consumismo como cultura y la cultura del consumismo, que propaga la imitación, la repetición y convence de ser actores activos para sostener la irrealidad, con la mascarada de realidad.

Ahora somos nosotros los unicornios, sirenas, centauros, entidades virtuales, personajes, efecto colateral del positivismo.

***

En el poema de Alfonsina Storni, me hice cuestiones sobre el uso y sentido de la quimera. Y analicé las diferentes interpretaciones simbólicas.

Aquí, les muestro una criatura de la realidad. Un gato quimera. La increíble belleza y ternura de este animal, borra de un plumazo, toda connotación de horrible que se asocia a las quimeras.

***

Ahora, hay otros cielos, otros pájaros, otra forma de los ojos para intentar el oficio de las palabras; todo parece efímero, volátil, no se posa o se adhiere, se sospecha que es el consuelo de algo que existió alguna vez, que en un pretérito indefinido, lo llamaban amor.

Estaré entonces en mil años. Para confirmarlo, porque pienso estar en todas las eras del futuro, como estoy en las eras del pasado: con mi mente y corazón.

Alguien más verá en estos días, estos ojos, este amor, y será capaz de arrancar las sombras y las distancias y se volverá eones, sin tiempo y espacio.

***

Y hoy, en este arbitrario momento, por decreto del azar, le dedico este momento inconcluyente, al amor. El amor prestado de la literatura.

¡Ay, amor!, dulce veneno,
ay, tema de mi delirio,
solicitado martirio
y de todos males lleno.
...
¡Ay, amor! glorioso infierno
y de infernales injurias,
león de celosas furias,
disfrazado de cordero.

(Fragmentos, Mariano Melgar).

/*/

Y por fin, por fin,
ni goce ni pena,
ni cielo ni tierra,
ni arriba ni abajo,
ni vida ni muerte, nada
sólo el amor, sólo amando.
(Fragmento, Pedro Salinas)

/*/

En el jardín umbroso mi cuerpo fatigado
Las auras matinales cubrieron de rocío;
Como en la paz de un sueño se deslice a tu lado
El fugitivo instante que reposar ansío.
(Fragmento, Paul Verlaine)

/*/

Amar es aguardarte
como si fueras parte del ocaso,
ni antes ni después, para que estemos solos

entre los juegos y los cuentos
sobre la tierra seca.
(Fragmento, Salvador Novo)

/*/

Cúbreme, amor, el cielo de la boca
con esa arrebatada espuma extrema,
que es jazmín del que sabe y del que quema,
brotado en punta de coral de roca.
(Fragmento, Rafael Alberti)

/*/

Dos cuerpos frente a frente
son a veces navajas
y la noche relámpago.
(Fragmento, Octavio Paz).

/*/

¡Qué risueño contacto el de tus ojos,
ligeros como palomas asustadas a la orilla
del agua!
¡Qué rápido contacto el de tus ojos
con mi mirada!
(Fragmento, Jaime Sabines).

/*/

Mi corazón me han robado;
y Amor, viendo mis enojos,
me dijo: Fuéte llevado
por los más hermosos ojos
que desque vivo he mirado.
(Fragmento, Luis Camoens).

/*/

Te quiero...
y me mueves el tiempo de mi vida sin horas.

...

Te quiero
(grito de noche blanca...)
en el insomnio reflexivo
de donde ha vuelto en pájaros mi espíritu.

Te quiero...
Mi amor se escapa leve de expresiones y rutas,
y va rompiendo sombras y alcanzando tu imagen
desde el punto inocente donde soy yerba y trino.

(Fragmentos, Julia de Burgos)

//*

A veces ni enterrarse en palabra prestadas, se sucumbe al ahogo, ni tristeza, ni dolor, ni felicidad, sino perplejidad.

Antalia Isim.

***

Quimera tiene diversas interpretaciones; ya describimos a la criatura y la asociamos a una época, su evolución ha ido mutando en el campo simbólico.

En paleontología, una quimera es un fósil compuesto por partes de individuos de diferentes especies, parecieron en un principio un solo cuerpo, quiso la casualidad que se encontraran restos de diferentes animales en una misma excavación, y el término tomó cuerpo para definir tal situación.

Basados en la idea de criatura ensamblada, hay un grupo de peces cartilaginosos del orden de Chimaeriformes, se caracterizan con el arco mandibular que sostiene al cráneo —el término correcto es mandíbula holostílica— o sea, está fusionado al neurocráneo; con una dentición compuesta por tres pares de placas dentales que crecen lenta y continuamente sin ser recambiadas. Esta condición de características de diversos animales en un pez y que no es error de diferentes especies encontradas casualmente en una misma excavación, se acomoda a la interpretación de lo que es una quimera.

En literatura es sinónimo de algo fantasioso o utópico; en el realismo mágico, es sinónimo de perfecto, de esperanza, en la poesía clásica hace referencia a amores imposibles; no es extraño, por la evolución del trato hacia las mujeres, que se asocie a mujeres hermosas, vidas de fantasía. Es común en nuestra época, la exhibición de vidas quiméricas.

El siguiente poema, contiene a una quimera. La cuestión es, cuál de estas interpretaciones le cabe a la idea que la poeta quiso transmitir.

Aspecto de Alfonsina Storni

Vivo dentro de cuatro paredes matemáticas
alineadas a metro. Me rodean apáticas
almillas que no saben ni un ápice siquiera
de esta fiebre azulada que nutre mi quimera.

Uso una piel postiza que me la rayo en gris.
Cuervo que bajo el ala guarda una flor de lis.
Me causa cierta risa mi pico fiero y torvo
que yo misma me creo pura farsa y estorbo.

El análisis silábico se va perdiendo en las nuevas formas poéticas, y a veces resulta invisible la cuidadosa construcción. Por momentos desmonta la fantasía sobre que la poesía se escribe con el corazón, la poesía se escribe con riqueza poética, es una arquitectura de recursos y de trabajo escritural; se escribe con recursos literarios, pertenezcan a cualquier órbita dentro de los modelos de poéticas.

De Alfonsina, especialmente, es notable el éxito en una textura que parece natural. Ver los sustantivos, matemáticas, metro, quimera, piel, cuervo, flor, pico, almillas –una forma despreciativa para alma–, del campo de ciencias duras, naturaleza, la elección de una criatura emblemática como el cuervo; luego los adjetivos: apáticas, postiza, fiero, torvo; hay sarcasmo, desprecio. En qué contexto se puede interpretar "quimera". La habilidad de esta poeta en reunir términos de campos que parecen desarticulados y expresar su mundo, de manera armónica, le ha ganado un lugar importante en las letras.

En este poema:¿quimera entonces, refiere a sueños inalcanzables de la poeta? O refiere a la particular hibridez con que se ha construido el poema. El lector podrá elegir, en lo personal, elijo ambas –y otras que tienen que ver con el título–, estas construcciones no son de un poema de Alfonsina, es una marca de su literatura.

Sobre la construcción, tampoco es casual:

Rimas gemelas: **AABB CCDD**, la cuenta de sílabas, es la misma gramatical, y la cuenta de sílabas poéticas incluye las sinalefa en "**no sa**-ben ni__**un á**-pi-ce"; "que **yo mis**-ma".

Vi-vo **den**-tro de **cua**-tro pa-**re**-des ma-te-**má**-ti-cas
Sílabas tónicas poéticas: 1-3-6-9-13
Sílabas gramaticales 15
Sílabas poéticas: 15-1

En esta definición hay modalidades que implica restar una sílaba por la sinalefa en otro verso. Con ello se "empata" el fraseo al declamar.

Esquema asonante: A; consonante: A

✱✱✱

La sirenita

En la raíz temprana de la espina dorsal, un par de apéndices comienzan a erupcionar; la madre acaricia el borde delicado, la suave superficie se estremece, vibra, como si estuviera estrenando un reflejo nuevo, acompaña el temblor con un sonido dulce; la madre tararea, alrededor las flores se inclinan, lentamente, orientando las corolas que rezuman un brillo inusitado; más allá, el chapoteo del centauro forma ondas que se interceptan con las que produce el equino, que galopa y despliega las alas, levanta vuelo sin mirar atrás.

1 agosto 2022

Grupo Me interesa lo que escribes (Antalia Isim, administradora)

Los escritores que destacan, en cualquier género, son los que pueden romper una lógica discursiva, artificios literarios que encienden su época. No siempre son comprendidos, usualmente el tiempo decanta en la posibilidad de abordarlos con mesura. El *Ulises*, de James Joyce, fue resistido; misma suerte *Trilce*, de Cesar Vallejo, hoy literaturas icónicas. Qué los hizo tan importantes. *Trilce* desafía la imaginación y rompe con moldes lingüísticos, diseña un sistema de significantes que cobró sentido a través de las épocas, Vallejo sabía que su lector estaba en el futuro.

En *Ulises*, se incluye prácticamente la totalidad de los recursos literarios, y se hace sobre una aparente simple situación: la vida en un día, de un personaje, yendo al funeral de alguien; y además lo hace siguiendo la traza de una de las historias más emblemáticas, el viaje de Odiseo.

Mientras, hablando de bestiarios: ¿es posible innovar? Encontrar un modo de renovar el género, aportando, mutándolo, desafiándolo.

Pensando en ello, en cuál sería una propuesta para generar esa diferencia, esa singularidad de renovación del género.

El poema de Güiraldes, se apoya en un conocimiento previo y el uso metafórico del dragón; en cualquier sentido el dragón es dúctil.

Pero qué pasa con una criatura como *Godzilla* (1954), japonesa, se dice que repite narrativos de King Kong.

Quien se anima a escribir un poema con Godzilla.

Borges con el minotauro, se atrevió a crear un escenario compasivo para con el monstruo y el éxito fue rotundo.

Quién pudiera.

***

Inútil, de Ricardo Güiraldes.

Tengo hoy en el alma unos cuentos muy viejos – muy viejos, lejanos.

Nacieron conmigo y fueron ya antes.
Y cuentan palacios.
Espíritus buenos y espíritus malos.
Y llevan perfumes de leyendas bárbaras.
Dragones y encantos.
Encantos maléficos,
buenos milagros.

Son todo lo irreal, y todo lo sueño.
No quieren, ni pueden, nacer pues son vagos.
Son viejos los pobres, son cuentos de abuelo.
Nacidos, quién sabe, mirando en el fuego,
en noche tranquila y apta al recuerdo,
recuerdo de cosas, que nunca existieron.

Cuentos viejos y vagos
y nebulosos,
de episodios fabulosos.
Potentes magos.
Recuerdos.
Cuentos ancianos,
quedad lejanos.

Inspiración del poeta en el dragón y sus cualidades, buenas y malas.

Es interesante el verso: "Nacieron conmigo y fueron ya antes", parece una sugerencia sobre heredar historias, como si se naciera destinados a ellas. Y la referencia al dragón, desde aspectos benéficos y maléficos.

El título es inquietante, melancólico, triste.

La división gramatical sería algo como esto:

Ten-go _hoy_ en el al-ma_ u-nos **cuen**-tos **muy** vie-jos -**muy** vie-jos, le-**ja**-nos

En negrita, el acento poético. La sinalefa, cohesión entre la vocal final de una palabra y la vocal inicial de la palabra siguiente, el resultado es la reducción silábica; como en "**muy vie**".

***

Las tomamos como criaturas fantásticas porque no hay confirmación mediante restos, pero se puede especular que aún no se han encontrado.

Sin embargo soy escéptica, mi criterio se basa en simples cuentas: no hay excepciones, en mamíferos, de criaturas de más de cinco miembros; cuatro patas y cola es el máximo que la naturaleza se permite; la naturaleza no desperdicia, para la supervivencia es innecesario.

Puestos a especular, también es lícito pensar que la naturaleza hizo pruebas, y pudo equivocarse.

En honor a la verdad, sí hay excepciones. Hay una criatura completamente improbable, tiene cualidades únicas, demasiadas en sí misma.

A saber: la cría de mamífero es tierna –usamos esa palabra para describir el sentimiento que nos provoca–, es un comportamiento filogénetico, evolutivo, para proteger la progenie, si no tuviéramos esa contención, las crías serían devoradas. La criatura excepción es repugnante y genera igual rechazo el adulto y la cría.

Es un mamífero que usa un inadecuado método de comunicación para el medio en que vive: usa ecolocalización, lo que lo hace vulnerable. Todos los otros animales con esa habilidad, viven en el mar, ya que el sonido se propaga, eficazmente, en sólidos.

Tiene alas integradas con garras, sin pelos.

Duerme boca abajo: eso hace que la sangre se concentre en la cabeza, las garras se congelan y quedan adheridas.

Es el único mamífero que vuela. Me refiero al murciélago.

Es una criatura que no está en la cadena alimenticia de otras especies más que relativamente hace poco tiempo. Por ello se consideraba plaga, aunque mejores estudios revelan que son beneficiosos. Hay una araña que suele colocarse en la entrada de las cuevas, descubrió que el ineficaz ecolocalizador no detecta la tela y suelen quedar atrapados. Comida servida en cuanto salen en bandadas de las cuevas.

Hay un escarabajo que utiliza el guano. Las cuevas tienen el piso lleno de escarabajos –las películas donde se ve gente entrando en cuevas y no pisan escarabajos, son poco creíbles.

El otro depredador reciente es el hombre: los nativos de áfrica recogen el guano porque es útil como abono, medicinas, y lo comercian en el extranjero. Sobre todo a China.

Y uno de los más interesantes: el abuelo de Vlad de Valakia, era lo que hoy se llamaría un biólogo, Mircea I de Valaquia (1355-1418); había descubierto que el murciélago no envejece. Tiene un ciclo temporal, muere, pero no se oxida. Todo en la tierra se oxida, orgánicos y no orgánicos – la miel es una excepción, habría que poner el foco a la existencia de la abeja–; El conde Dracul, creyó que había encontrado la fuente de la juventud, y tenía a sus empleados cazando murciélagos, y al nieto, Vlad Teper, El Empalador, creciendo con esa actividad –no es difícil deducir que bebían la sangre del murciélago para comprobar que adquirirían sus características– lo que detonó los rumores que inspiró la novela de Bram Stoker, *Drácula* (1897). La industria cosmética del mundo, también usa las propiedades antioxidantes. El hombre no sólo aprovecha el murciélago para comerlo, sino para alargar la vida. En la actualidad se especula que transmitió el COVID.

Hace poco se ha descubierto que los murciélagos son importantes para el ecosistema planetario.

Hipótesis: este animal vino de otro planeta, así como las ratas, y otras especies, mudaron de continente de polizones en los barcos, el murciélago vino de polizón en una nave espacial.

Luego, como en todo relato, hay posibles narrativos, el vocablo Drácula, deviene de Dracul, Draco, nada impide especular: Drac, Dragón.

Quizás no se comieron los chinos a los dragones, sino que mutaron, se mimetizaron, están entre nosotros.

***

Mientras tanto. Una civilización de hace más de cinco mil años, contaban con un amuleto de jade, cultura Hongshan, con la representación más antigua, se dice, de un dragón.

El dragón chino (en chino tradicional, 龍; en chino simplificado, 龙; pinyin, long) es un animal mitológico y legendario de China y de otras culturas asiáticas que dispone de partes de nueve animales: ojos de langosta, cuernos de ciervo, morro de camello, nariz de perro, bigotes de bagre, melena de león, cola de serpiente, escamas de pez y garras de águila.

Lo común en estas especies, es que todas se comen en China.

No tengo dudas que si hubo dragones en China, formó parte de la dieta de la población, así como de la medicina china.

Conjeturo, ningún animal de mar, tierra, o aire está a salvo de ser comida en china.

Garbo, cualidades, magia, para terminar en una olla. No tiene por qué extrañarnos, los bellos y espléndidos equinos, terminan en mortadela.

¿Acaso han engullido la pléyade de animales fantásticos que ya solo quedan en relatos?

31 julio 2022

Grupo Me interesa lo que escribes (Antalia Isim, administradora)

Hesíodo (siglo VIII a. C.), considerado el primer filósofo griego, disputaba el puesto nada menos que con Homero. La historia a veces no puede determinar los logros de cada uno, pero hay certeza que Hesíodo ha descripto la mitografía, el estudio de mitos y leyendas antiguas que conforman las mitologías; un mitógrafo es un investigador de mitos; se le atribuye el texto Teogonías, donde describe la genealogía de los dioses griegos.

La descripción de Hesíodo de la quimera, cuerpo de cabra, cola de dragón y la cabeza de un león, parece una reducción; otras versiones hacen evolucionar a la quimera sumándole características, tres cabezas: de león; de macho cabrío, que le salía del lomo; y la de dragón, que nacía en la cola. En descripciones posteriores, se agregó una cuarta cabeza y un par de alas de dragón. El resultado es un monstruo de cuatro cabezas. Se dice que escupía fuego.

Debió ser atemorizante vivir en la antigüedad, temiendo que esta criatura apareciera desde el cielo a devorar rebaños y personas.

Y aquí el relato se pone raro: un guerrero de la antigüedad, Belerofontes, derrota a la quimera, con la ayuda de Pegaso, un caballo alado. El primer caballo en vivir con los dioses, el caballo de Zeus.

Acaso hay una singularidad temporal en este punto.

Issac Asimov, en *El planeta que no estaba* (1980) describe el descubrimiento de las lunas de Saturno.

A Cronos (tiempo), le habían vaticinado que un hijo lo derrocaría, como él mismo había hecho con su padre, Urano, para evitar esa profecía, se comía a los hijos, hasta que Rea, esposa de Cronos, se cansa, salva a Zeus quien obliga a Cronos a regurgitar a los hermanos, los titanes.

En 1610, Galileo, observaba a Saturno –tiempo, el equivalente a Cronos en dioses romanos–, inesperadamente observó que Saturno vomitaba a sus hijos, lunas; los anillos de Saturno, hasta ese momento, se veían "de canto"; con la variación de órbita, Galileo tuvo un ángulo de observación que reveló que en los anillos había lunas.

La ciencia coincidió con la situación descripta sobre Cronos. Acaso la mitografía escrita por Hesíodo, miles años de años antes –era precristiana–, sea una predicción, o un conocimiento, o información de extraterrestres, como se dijo de la doble hélice de serpientes, sostenidas por dragones.

Casualidad o causalidad obligan a repensar los relatos de la mitología, y la creación de los seres imaginarios.

***

Por el momento, la cultura más antigua, es Sumeria (2112 a.C.-2004 a.C.). Definiendo cultura como el conjunto de conocimientos, desarrollo artístico, científico, industrial, que comparte un grupo social; las creencias comunes sirven como cohesión y protección, el relato es indispensable para el aprendizaje y resguardo; con la escritura cuneiforme que dejaron en Lagash, la ciudad más antigua; de esta ciudad se hizo famoso Nippur de Lagash en una serie de historieta argentina creada por Robin Wood, guionista, y Lucho Olivera, dibujante, y publicada entre 1967 y 1998. Su protagonista le debía el nombre a la antigua ciudad Sumeria de Nippur, donde sus padres habían nacido.

La criatura más ecléctica tiene origen en Sumeria, el dragón: la más antigua; una criatura en la que se han depositado virtudes y maldad; inspirada en híbridos entre dinosaurios, cocodrilos, pez, serpiente, no se sabe bien, pero las versiones coinciden en un aspecto: los ojos, mirada penetrante, feroz, la palabra "dragón" proviene del griego "derkesthai", que significa "ver" o "mirar a", una referencia a la mirada fija o hipnótica de la serpiente, que no tiene párpados.

Para terror, bondad, nobleza, humor, amor, adivinación, presagio, maldición, suerte, y para versiones de cualquier edad; no hay, creo, algo que haya quedado fuera

73

de las posibilidades del dragón. Es una criatura, creación, creatura, fascinante.

La relación con la serpiente, deviene de una pared tallada en las colinas de Tsodilo en Botsuana que data del Pleistoceno Tardío en la Edad de Piedra Media (12.600 – 25.000 a. C.), y desde entonces no ha dejado de gravitar en las civilizaciones antiguas. Con particularidades, el dragón ha surgido en todas las ciudades antiguas, sin que se pueda asegurar que fuera una criatura que se trasladó por el relato, como si su aparición hubiera sido simultáneamente en lugares remotos entre sí, como México, Egipto; aunque en un principio, serpiente y dragón, parecían coincidir, se ha encontrado un sello cilíndrico que data del período 3300-3100 a. C., que identifica al dragón, diferenciado de una serpiente.

Un peculiar dibujo del vaso de esteatita verde del rey Gudea de Lagash de Sumeria; si le faltaba al dragón, ahora porta, en su representación una sospecha interesante: por la forma de esta particular imagen, hay algunos que aseguran que refiere a un conocimiento, en la antigüedad, sobre que es la hélice del ADN, la explicación sería que extraterrestres transmitieron el conocimiento del ADN y los artistas lo expresaron con el animal que se asemejaba, serpientes entrelazadas. Idea que llevaría al ouroboros.

En el camino de seguir a estas criaturas, viajé al pasado más remoto y hasta fuera del planeta. Esta parece una aventura que me va quedando grande.

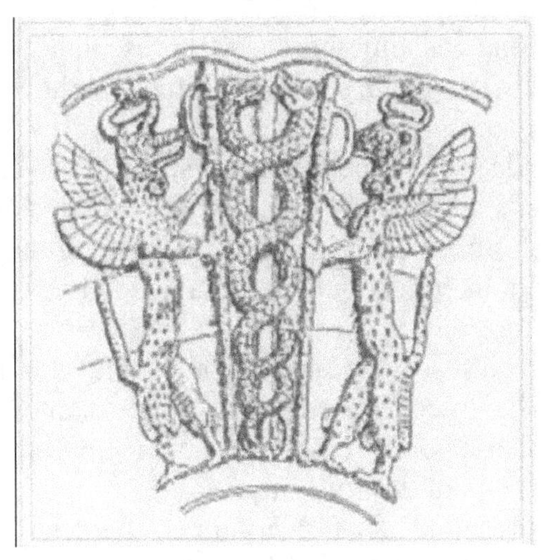

***

"Mirémonos a la cara, nosotros somos hiperbóreos,- sabemos cuán aparte vivimos", es la primera frase de Anticristo de Nietzsche, cuando el filósofo alemán refiere a los hiperbóreos, asume admiración por la situación e imagen, altos, fuertes, hedonistas, e inaccesibles, en tiempo y geografía, la antigua Tracia; Nietzsche manifiesta con ello una especie de fuga –algo así como el deseo de bajarse del planeta–, de su época: modernidad y agobio.

Para Nietzsche, no es él el que asume el pensamiento de los hiperbóreos, sino ellos los que piensan como él. Refiere a ir a contracorriente, desestimar los valores de la religión, que considera una metafísica innecesaria y decadente, reconoce el gesto negacionista de la ciencia que implementa del credo, el intento de anulación de las personas para dominarlas, la instalación de una conversión de conducta y pensamiento como una transmutación de valores; Nietzsche desestima asuntos de compasión o caridad, debilidades que desprecia, formas pasivas que detecta como lo innecesario y deslinda la responsabilidad de pensar.

Por qué los hiperbóreos, ¿representan el ideal nazi?, fuertes, viriles, y un sentido nihilista de la vida, el modo aristocrático.

La idea de superhombre, sobrevuela el Anticristo. Texto que apunta contra los dogmas teológicos, y la pléyade de seres imaginarios, santos, vírgenes, ángeles; y la revolución luterana, que eleva a categoría de sagrado el cristianismo.

Qué curioso que para dar cuenta de destronar un concepto, se lo confirme con un supuesto antónimo, para un anticristo, hace falta un cristo, y los hiperbóreos, parecen una fantasía para destituir otra.

La creación de las criaturas, parecen en realidad, acomodarse a los efectos. Se necesitaron fuertes, rapaces: el grifo –águila, alas, león–; iguales virtudes, pero no en África: el hipogrifo– águila, alas, equino–; y así, cada una de las criaturas se puede acomodar en la función textual de las literaturas que dieron cuenta de ellas.

De manera que entré a un nihilista, Nietzsche, en un recorrido por la fantasía. De la fantasía, a la realidad, como El Quijote.

Y bajo este enfoque, me quedo reflexionando sobre otra criatura enigmática: la quimera.

***

Del poeta, peruano, Julio Barco:

Electromagnetismo es mi nuevo poemario, un homenaje al inventor Nicole Tesla. Un libro futurista, con pasajes oníricos que intenta conversar con las crisis de nuestra modernidad en base a diferentes poemas.

Pueden leerlo vía *ebook* en este link:

https://www.amazon.es/Electro.../dp/B0B7ZRC2G8/ref=sr_1_1...

En tapa blanda aquí:

https://www.amazon.com/dp/B0B7QZBTBQ...

Según la escritora argentina Ana Abregú:

Julio Barco exhibe la audacia de revelar el manifiesto del principio de articulación de la forma, en relación a las exterioridades del fundamento de la palabra, el signo: la energía. Si escritura significa la perdurabilidad del símbolo, el electromagnetismo articula una suerte de oposición, de inversión, la alteración en un orden jerárquico: aquello que es lo más veloz cede ante la voz ecléctica del poeta que modela la materia verbal que se acomoda a su intensidad. Electromagnetismo en una conexión metafísica entre el poeta y la fenomenología y trascendencia del orden del logos. En este poemario se encuentra la genética de la estética de este poeta inmerso en su época, instituye sentido en la era de la Internet, sin horizonte temporal.

***

Las criaturas mitológicas de la antigüedad revelan que el hombre, o los animales, son insuficientes para dar cuenta de las capacidades que el hombre espera del mundo. Desde que se conoce la presencia del hombre en el planeta, vino con imaginación incorporada, y la necesidad de algo más que la realidad; la sensibilidad artística se activa y aparecen criaturas que resuelven los vacíos que, tal vez, le exigen a la naturaleza.

Otras criaturas son los cinocéfalos, cabeza de perro y cuerpo de hombre que habitarían en África y la India, verdaderas *terrae incognitae* donde en el mundo clásico se ubican toda clase de portentos, situada en la costa del Sinus Arabicus, el actual mar Rojo. Algunas de las razas monstruosas que recogían los geógrafos clásicos: las blemias, la cara situada en el pecho; los esciápodos, una sola pierna, de un tamaño desproporcionadamente grande, que alzaban a modo de sombrilla para darse sombra a sí mismos en las áridas tierras de África y la India en las que vivían; la manticora, carníbales; los nuli, piernas orientadas hacia atrás y ocho dedos en cada pie, los arimaspos hombres tuertos, o los hiperbóreos, gigantes de unos tres metros de altura, descendientes de Boreas y de la ninfa de la nieve y, según Eliano, quienes fundaron la primera monarquía teocrática.

Estas razas de seres monstruosos tienen presencia en las Geografías grecorromanas, y provienen de las descripciones de la *Historia Natural de Plinio el Viejo* y del *Physiologus*, un anónimo alejandrino redactado alrededor del año 400 y que recoge descripciones de bestias y criaturas fantásticas.

Estas eran las criaturas solían lidiar con los grifos. Me pregunto si no serían cuerpos mutilados por peleas o enfrentar animales y la literatura los convirtió en épicas.

Imagino describir cualquier criatura normal en alejandrinos y la complejidad que supone una imaginaria.

Alejandrino es el verso de catorce sílabas métricas compuesto de dos hemistiquios de siete sílabas con acento en la tercera y decimotercera sílaba. Entre ambos hemistiquios heptasílabos hay una cesura o pausa medial, que funciona como la pausa final de verso: no admite la sinalefa y hace equivalentes los finales agudos, llanos y esdrújulos según las reglas métricas del español.

Sus historias eran relatadas en alejandrinos, lo que revela el artificio literario; se acomodaron las formas para narrar estas criaturas. Habrá relatos posibles con cada una, la que me interesa distinguir es hiperboreo, uno de los escritores argentinos más interesantes, Héctor Libertella escribió *El camino de los Hiperbóreos*, Premio Paidós de Novela 1968.

«Héctor Cudemo circulaba dopado por las calles de Bueno Aires, se sentía como el mensajero de oscuras deidades nocturnas, llevaba sobre su espalda el peso de una triste genealogía de aburridos [...] Sentía incomprensibles todas esas charlatanerías de los gordos poetas oficiales, y andaba por la ciudad con los dolores de parto, embarazado, cargando en su seno un enorme embrión de libro [...]» (1968).

El hiperbóreo es una criatura mixturada, alegre, relajado se los describe como espíritus artístico, si eran tan altos como se los describe, no es difícil la cautela sobre el objetivo de sus peculiaridades, así como el texto de Libertella, híbrido, montaje, recorte y apropiación; funciona como los hiperbóreos, con juego, el vértigo artístico, pasión.

Composición tema: monstruos para todos los gustos.

30 julio 2022

Grupo Me interesa lo que escribes (Antalia Isim, administradora)

Y por qué el grifo no es tan popular como centauros, unicornios, etc., porque proviene de oriente. Aparecen en las pinturas de persas (2500 a.C. - 600 a.C.), babilonios (1790- 1560); un animal poderoso: cabeza, garras y alas, de águila, y el resto de león. Reúnen una criatura del aire, visión extraordinaria y fortaleza y agilidad de una criatura de tierra, el león; semejante prodigio tuvo que impresionar a los extranjeros, artistas, viajeros, y pronto apareció en mosaicos en la pintura minoica, (1700 a.C. – 1450 a. C.). Y en los persas (500 a. C.)

En occidente, como en Europa y ahora Asia, era importante exhibir algo que represente el espíritu del pueblo; la función es disuadir. Es interesante que mientras las otras criaturas son terrestres, el grifo además, conquista el cielo. Ahora tiene sentido el hipogrifo: un grifo, que en vez de león, es caballo. Aparece en Persia, no es difícil deducir de dónde llegó la inspiración –especulación personal, dadas las fechas y las corrientes migratorias de los comerciantes de la época.

Estoy recorriendo, a través de una criatura imaginaria, el camino de la literatura, que presenta una traza y genealogía, según el camino del espíritu del arte en el recorrido, por eras, por azar, por necesidad, es así que podemos trazar una línea, desde cualquier texto, hacia sus orígenes. La manera que se conocen estas trazas es mediante documentación escrita. Lo que se deja escrito, toma forma literaria, de algún modo, ya sea por comunicar, informar, documentar, entretener; incluye la datación que se consigue mediante técnicas modernas; pero no deja de ser "literatura", la documentación en mosaicos o sobrerelieves o papiros; la imagen es un elemento de la semiótica, no queda fuera del lenguaje, pertenece al lenguaje.

Respecto a la producción de sentido, hago notar que este post, comienza con Y, conjunción, implica que hay un elemento anterior, de igual peso que el comentario a continuación, o hay una pregunta retórica. En este contexto de Red social, tendrá una interpretación, en otro medio, por ejemplo en un cuento, tendrá otra. El cuestión es: el medio en que se escribe, el medio en el que se lee: cómo intervienen en el sentido. Tesis abierta.

✳✳✳

29 julio 2022

Grupo Me interesa lo que escribes (Antalia Isim, administradora)

Hay algo de tortuoso en sobrellevar la sensibilidad artística. Alguien mencionó a Raúl Gómez Jattin, colombiano (1945-1997); entre sus últimos poemas, en "Elogio de los alucinógenos", escribió (Fragmento):

" hongo stropharia y su herida mortal
derivó mi alma una locura alucinada
de entregarle a mis palabras de siempre
todo el sentido decisivo de la plena vida
Decir mi soledad y sus motivos sin amargura
Acercarme a esa mula vieja de mi angustia
y sacarle de la boca todo el fervor posible
toda su babaza y estrangularla lenta
con poemas anudados por la desolación
…"

Notable lucidez en un poema para quien asume que el estado de su mente vacila en algún límite.

Hay testigos que lo vieron en sus últimos días, y me refiero a esto por la peculiar manera de expresión de quienes depositaban el criterio sobre su estado mental en derivas por las calles de la bella Cartagena —marco idílico, irónicamente–, se recostaba en el piso, sin zapatos y ropas de colores chillones. Bailaba sin importar la hora, gritaba, se burlaba de la gente, lo que se diría un loco; su errático comportamiento, dejó la sospecha sobre si lo asesinaron, o fue accidente cuando lo atropellaron.

Por qué parece importante su biografía, la poesía soporta la presunción de ser autobiografía, un código personal; Jattin mientras, escribió, como si solo escribiendo pudiera sostener cordura; poeta, genio, y generador de escenarios confusos; pero coherente en su poética.

"Pero hay imágenes en mi escritura
que volvieron gracias a su embrujo enfermizo
Ciertos amores regresaron investidos de fulgor
…

…

La delicadeza de un alma no está casi
en los que se apropia Sino en el desprecio de ese estorbo
sangriento cual banquete de Tiestes

que la opulencia inconsciente ofrece vana y fútil
…"

Hago notar la mayúscula de la palabra Sino.

Estos son fragmento que escribió, durante la supuesta locura de Jattin, cuando él mismo la tenía asumida.

Señalo que Jattin era consciente y lo señala en su poética, sobre su condición y la mirada ajena sobre sí, cuesta colocarlo en un contexto de conciencia perdida. Para mí, sufría de exceso de poesía, no le cabía en el cuerpo y lo expresaba en un comportamiento fuera de norma, que encaja en la palabra más fácil, que requiere poco compromiso de compresión: loco.

***

Y qué pasa con el centauro; como Wittgenstein, he eludido su naturaleza, rodeándola de otras criaturas, como si explicaran lo que no es; como hizo el filósofo en su *Tractatus…* con la definición de lo que el ser no es.

El centauro es una escisión de cualidades de qué tipo: fortaleza, belleza y habilidad de un equino, y ¿qué cosa del hombre?

El pensamiento, discernimiento y la capacidad comunicacional, y la violencia, factores que se consideran que ha hecho evolucionar a la humanidad, según Konrad Lorenz, el padre de la etología, en su *La agresividad el pretendido mal* (1963), y sin embargo no compite con la belleza de las cuatro patas, la potencia, la velocidad. A este ser se le disculpa la ambigüedad de decidir en qué parte del cuerpo se ubica la intensidad, salvo Quirón y Folo, amables y sabios, les es permitido darse a la lujuria y el desenfreno guerrero, salvajes y sin ley.

Aunque su apariencia revela alguna travesura de las diosas con especies equinas, hubo de los dos lados, ya que hay hembras de centauros: centáurides. De ellas no se sabe más que imágenes en un mosaico macedonio encontrado el siglo IV a.C. y la mención de Ovidio en Metamorfosis (publicada el 8 d. C.), una centáuride, Hilonoma, que se suicida cuando Cílaro, su amor, muere en la guerra de los lapitas; ni todo ese poder los hace inmortales.

La idea de una mujer con la musculatura y forma de un caballo, es una idea que circula en el imaginario, y no es ajeno al término peyorativo con que se la llama "yegua", "potra", según el significado que se quiere expresar.

Si no fuera por el cuerno, el unicornio, parece una criatura con cualidades femeninas, principalmente la ternura; ese cuerno amenazador, con propiedades de potencia sexual, ofrece la idea de falo, asociado al hecho de que atrae la inocencia, la relación no deja de organizar un significado de máscara, para atraer niñas, con lo que ello significa. Una advertencia sobre lo peligroso que es dejarse seducir por la imagen de la dulzura y la belleza.

Volviendo al mosaico macedonio, saqueados por la invasión romana, en 168 a.C., aparece otra criatura interesante: el grifo; cabeza de águila, cuerpo de león, con alas.

Y como si fuera poco, las evidencias lo vuelven todo más extraño, una criatura inesperada: Hombre, centauro, pez. Acaso un "sireno".

Mosaico de centauro marino, en el museo Monográfico de Conimbriga, Portugal.

Peligro *Spoiler*.

Sobre criaturas mixturadas, la sirena, tiene el rol de encender la imaginación y aturdir a los hombres con su canto, cuyo objetivo no queda claro: el hecho de que se advierte el peligro, no da cuenta de qué ocurre en caso de ceder. Qué hacen las sirenas con los hombres: pervertirlos y conducirlo a la muerte. Sin que se explicara por qué, de qué le sirve a la sirena la muerte del humano.

Mientras, Pasífae, reina cretense, copula con el Toro de Creta; cuando el minotauro, nace de esa unión, Minos ordena a Dédalo e Ícaro, el hijo, que construyan el laberinto. El minotauro, un ser casi antónimo del centauro, hermano de Ariadna; cabeza de toro, cuerpo de hombre; y destino de narrador del cuento de Borges, en *La casa de Asterión*. El artificio complejo fue que el lector no supiera, hasta el momento preciso, quién era el personaje, además de cambiar la percepción que se tiene sobre la criatura.

Borges muestra un camino: se puede tomar cualquier historia, mito, leyenda, y escribir la propia versión, analizando cuidadosamente los elementos que la componen, Borges toma decisiones importantes que intervendrían el destino dos criaturas: el minotauro y su propio cuento, ambos ahora inmortales. El cuento está narrado en un monólogo, que revela que en vez del destino pavoroso de huir de los hombres que quieren asesinarlo, anhela terminar con la zozobra y soledad a la que lo han condenado. Al final, se cambia el narrador, y nos enteramos que la criatura es el minotauro.

Cuál fue su pecado: la monstruosidad. Lo consideran una abominación, lo condenan a vagar en el laberinto.

En *El obsceno pájaro de la noche*, de José Donoso, crea un ambiente asfixiante, en el que dota el nacimiento de Boy, el hijo de una familia adinerada, no solo una dudosa ascendencia, sino de deformación. Los padres recurren a un gesto que es primordial en la literatura, y ahora en la vida del niño: crean mundo. Una casa laberíntica, como la de Asterión, poblada de personajes espeluznantes, reducidos en unos pocos elementos: la vejez, la deformación, la avaricia.

Organizan una especie de ciudad, donde todos son deformes, monstruosos, para que el niño crezca sin tener el más mínimo contacto con la belleza, y pudiera sentirse normal. Lo que resulta en un interesante experimento, no por manipular la construcción de los cánones de belleza, sino porque no contaban con la naturaleza humana, en la ciudad se ha derrocado la belleza, pero no las cualidades humanas.

Tanto la historia del minotauro, como la de *El obsceno pájaro de la noche*, carecen de piedad, y revelan aspectos de comportamiento del hombre, que ante circunstancias fortuitas deciden que pueden alterar los acontecimientos a favor de un ideal, siempre el mismo: la monstruosidad debe ser aislada, castigada, no importa quién la produce.

Esto por otro lado, evoca la novela de Frankestein, otra creación que también será perseguida por su monstruosidad.

Composición tema: los monstruos.

✳✳✳

Sobre Gregorio Samsa, como monstruo.

También recordemos que nunca se dice en ese relato que fuera verdad, nadie lo advierte, a su alrededor hay indiferencia; él se veía como un insecto, tampoco se aclara cuál, sería interesante investigar por qué algunos sostienen que es un escarabajo, otros que es cucaracha. No parece importante la diferencia, pero lo es: la cucaracha encajaría con un sentimiento inferior, y apoya la idea de que él se sentía así, era un escritor que se sentía miserable, maltratado por la familia, débil. En cambio, si es un cascarudo o escarabajo, revela fortaleza, y actitud. Es impresionante que con solo omisiones ese cuento sea tan poderoso en significantes.

28 julio 2022

Grupo Me interesa lo que escribes (Antalia Isim, administradora)

Se dice, que siempre estamos escribiendo El ingenioso hidalgo don Quijote de la Mancha (publicada a comienzos de 1605), de Cervantes, la vida de Alonso Quijano; el comentario no refiere a la etopeya del personaje, locura, delgadez, edad, que son también signos de construcción necesaria para darle carnadura, sino sobre qué hace a este libro tan famoso, fuera de las escenas. Cuáles son las características que lo diferencia de la literatura de su época.

Las novelas de caballería se escribían como se diseñaban los gobelinos en el palacio de Versalles: eran enormes y describían imágenes de guerras, ejércitos y héroes; mucha gente, atavíos militares —en las realidad, no existían tanto stock de armas ni personas, los artistas agregaban a pedido de los nobles—, eran publicidad para que los embajadores de países vecinos, amigos y enemigos, creyeran lo que veía. Las novelas de caballería, tenía el mismo fin: crear héroes, sin revelar que fueran reales, se suponía, sin cuestión, que eran reales.

Los libros de caballería, eran ficciones que se tomaban como realidad.

El primer gesto de El Quijote, es neutralizar eso: Alonso Quijano en la escena de la ficción, lee libros de caballería, de las verdaderas, las cree, como se supone que debe hacerlo cualquier lector, pero él, sale a vivirlas, y con ese gesto hace algo que no había ocurrido en la literatura, hay un gesto inverso: la ficción entra en la realidad.

El segundo gesto es el narrador, que comienza a particularizarse: la historia la cuenta el escudero, Sancho Panza, narrador testigo; hasta ese momento había un narrador en off, que todo lo contaba, sin otra organización que lo necesario para el objetivo publicitario, y nadie se cuestionaba quién era el narrador, como si fueran historia confirmada.

El narrador Sancho, no es omnisciente, es testigo, y además es escudero, campesino, de no muchas luces, de manera que los malentendidos del lenguaje, entre el culto del Quijote y el poco entendimiento del escudero, forman parte del sentido. No hay un héroe convencional, hay que reconstruir la idea de héroe, no es gallardo, equilibrado, hay malentendidos, y nos enteramos porque Sancho lo cuenta, y su falta de entendimiento produce lo necesario para que el lector sepa lo que ocurre.

El aspecto mismo de El Quijote, antihéroe, la inadecuada doncella, las situaciones de interrelación entre personajes, cuyos efectos dependen de asuntos de nivel social, hacen del texto una joya, instalando el germen de la novela moderna.

También llamo la atención sobre el lenguaje en que se escribió, prácticamente inentendible en la actualidad, que me lleva a la reflexión sobre el destino del lenguaje actual, dentro de unos años.

***

Hoy, el día de la independencia de Perú, va mi homenaje, proponiendo un personaje de la cosmogonía peruana, como uno de los aportes a "Composición tema...", en este caso Supay, el diablo andino.

El personaje es descripto por un fraile: Domingo se Santo Tomás (1560, es la referencia más antigua documentada sobre el Supay). Hago la salvedad, que así como dicen que los antiguos dejaron huellas en imágenes, escritura de idiogramas, sobre extraterrestres, sumándoles características que los nativos podían entender, o sea: la naturaleza, animales; y de ahí que las interpretaciones sean infinitas, lo mismo ocurre al revés: si un religioso, con ideas arraigadas sobre lo metafísico, y además con el instrumento de la escritura –lo que para los antiguos era la piedra–, la descripción de tal entidad, sería semejante a su condición y conocimiento. El mundo se interpreta según la luz del conocimiento del que lo narra.

El Supay, entidad espiritual, es descifrada, según el sesgo del fraile, como una entidad parecida al diablo cristiano, espíritu maligno.

Algo a destacar del pueblo andino, era su fuerte espiritualidad, y atención a la palabra, los relatos orales. La conquista española, encuentra un pueblo ávido de este instrumento; y a pesar que la corona española, advertida de ello, prohibió que se llevara al nuevo mundo relatos e historias que pudieran educarlos, la población local no necesitó estímulos y pronto se hizo del instrumento de la escritura, ahora con una mezcla, ya penetrado el espíritu místico, pero sosteniendo la herencia oral, el Supay, en el diccionario quechua, es un espíritu tanto bueno, como malo, moralmente hablando.

Supay, es una entidad colectiva: demoníacos, reinan en el inframundo y administran la muerte.

Califica, me parece, para: "Composición tema: el Supay".

Ya hice los deberes, escribí una novela entera, cuyo título es *Supay*.

***

Sirena de Mario Benedetti

Tengo la convicción de que no existes
y sin embargo te oigo cada noche

te invento a veces con mi vanidad
o mi desolación o mi modorra

del infinito mar viene tu asombro
lo escucho como un salmo y pese a todo

tan convencido estoy de que no existes
que te aguardo en mi sueño para luego.

En este poema, Benedetti diseña alrededor de los supuestos que se han hecho sobre las sirenas: hermosa voz, que en vez de la palabra "hermosa", utiliza "salmo" para distinguirla, una palabra que proviene de la teología, con lo que le otorga sacralidad; también el hecho de que hay un hombre, un héroe, al que las voces le fueron dedicadas, el héroe del Ática, y que ahora es para "vanidad" del autor.

La cuestión es: no sé si se ha logrado destituir las cualidades del unicornio, pero, la sirena ¿puede?

Andan circulando videos de supuestas sirenas, e incluso se ha encontrado huesos antiguos de una criatura pequeña, cuya osamenta se asemeja a la de una sirena. Vivimos en la era de la posverdad, y de la Internet, no importa la realidad, importa la construcción, la literatura construye la realidad, tan es así que el comentario de GGM, no declara a la sirena como inexistente o improbable, sino como incoherente, o en todo caso inservible, que no es lo mismo que inexistente.

El cuento más famoso, después del de Odiseo, creo, es *La cola de la sirena*, de Nalé Roxlo; en este texto, unos pescadores atrapan a la sirena, y se revela un conflicto: ¿se la puede comer?, es un pez, la pescaron para cocinarla. Les dejo el suspenso para impulsarlos a leer el desenlace.

Tal como el unicornio, la sirena es un ser interesante para las propuesta: "Composición tema: la sirena".

27 julio 2022

Grupo Me interesa lo que escribes (Antalia Isim, administradora)

Eduardo Lázaro Díaz compartió una ponencia del poeta Julio Barco, peruano, en donde se expone una traza de la poética de César Vallejo, desde la experimentación a lo que Barco denomina oral, debido al uso de expresiones locales, a las que identifica como habla peruana.

Es interesante el detalle del cambio o evolución del lenguaje haciéndole corresponder un paralelismo temporal y uso de coloquialismos, este aspecto, se puede detectar también en otros, Severo Sarduy, por ejemplo, en su apego al modernismo y como respuesta, desconfianza y resistencia al posmodernismo, sus últimas obras, recurren al coloquialismo; el mismo Rubén Darío, por razones de índole comercial, al final de sus días escribe un diario, en el que casi no se reconoce al príncipe de las letras, él mismo lo admite, en ese mismo texto, prosaico y precario, que incurre en el coloquialismo.

Mi reflexión es que lo que los relaciona es una especie de mutación del ser poético al ser social que produce un gesto como el del extraordinario Néstor Sánchez que dijo: se me acabaron las utopías. Y nunca más volvió a escribir.

Acaso del lenguaje cosmopolita, el que derroca el paradigma de fronteras, al lenguaje intimista, local, coloquial, hay una conversión, como la salamandra, entre medio más denso, el agua, la poesía universal, al medio más liviano, el aire, el retorno a la lengua propia y después el silencio.

***

Coloqué al unicornio, en un escenario de sospecha por sus cualidades de artefacto, en el sentido que expresa Nicolás de Rosa, para definir belleza, sexualidad, pureza – contradictorio, pero obvio–; hay otro miembro del bestiario, al que habría que analizar: la sirena. Al decir de Gabriel García Márquez: "un ser que tiene de cabeza lo que debería ser pez y de pez lo de cabeza", lo que me coloca, en simultáneo, el otro ser embonado: el centauro.

Por qué en la sirena se elude el sexo, y en el centauro se exagera. Dejo en suspenso la respuesta.

El origen de las sirenas, es griego, y su forma primigenia era mujer y pájaro. El nombre, proviene del griego, significa: "la que ata", o la que encadena; se la define por su canto incantatorio. Hades, el dios del inframundo, secuestró a Perséfone; el resultado fueron mujeres híbridas, pájaro con rostro humano, alas, garras, y la sospecha de que fue inspirada en una diosa egipcia: Ba, que se representaba de ese modo.

La historia de la conversión de estas mujeres a mitad pez aparece en el relato de Odiseo.

En este punto reflexiono sobre la función textual, qué hubiera sido diferente de haber podido volar: el relato se cae, las mujeres hubieran accedido al barco volando, en cambio, la pluma –del escritor, no de las alas–, el artificio textual, necesita que estuvieran atrapadas en la roca emitiendo solo la voz. La tripulación puede salvarse, se salva la épica, el relato.

La representación, se acomoda para dar paso a la función textual.

***

En *Historia de la locura en la época clásica*, 1961, Michael Foucault (1926- 1984) analiza la mirada con que la época determina las características de la locura, que conforma, a su vez, la huella de la incomprensión sobre lo humano, sus límites, su misterio; es así que el análisis implica los rasgos del que juzga: el fanatismo religioso, el misticismo, la metafísica, el exceso festivo, asuntos artísticos como el teatro y especialmente la lírica.

El trance lírico era observado, en una época, como posible síntoma de locura; tal concepto, no ha cambiado mucho, incluso en la persecución al poeta, que acusado de divagar, en vez de tratamiento médico se ha mutado a burla. Las razones son de índole diversa, de qué o para qué sirve la poesía, aplicándole cuestiones de características utilitarias a un modelo ajeno al proceso lírico y sus objetivos.

Al respecto, y para colocar la lírica en términos de algún modelo práctico, como suelen necesitar algunos, referiré a la ciencia: el tiempo, es una tela, deduce Einstein, si se tiende una tela y se coloca algo pesado encima los bordes de la tela que rodean al objeto se hunde; en otras palabras, el tiempo se dilata en los límites del objeto, o sea: el tiempo se vuelve más lento. En los alrededores de los objetos más pesados del planeta, el tiempo se ralentiza: las pirámides, la muralla china.

La poesía es ese objeto de peso, con masa infinita que con extrema densidad extiende el tiempo. Cuando el loco lírico desaparece, por ejemplo Cesar Vallejo, el tiempo se vuelve ligero, volátil; el cielo se aleja, digiere el vacío, derivas en la incertidumbre, tropismos, enigma y azar. Bajo la mirada de cualquier tiempo, el poeta es el loco que en peso específico de lírica crea la realidad.

***

El modernismo –fines del siglo XIX– propone el ajuste y refinación de la expresión escrita, el cuidado de la sonoridad de la lengua, el relieve entre significado y significante –movimiento que reconoce como padre a Rubén Darío–, está siendo opacado por la proliferación de mensajes, comentarios, objetos sin relieve textual que circulan por las redes sociales.

Los textos se cristalizan en formas fijas, frases hechas, ideas totalizadoras, bajo el mantra de sobrevaluar lo comunicacional, como si fuera enemiga natural de la lógica rupturista de la literatura.

Asistimos a un confuso escenario estético dominado por prácticas y productos adocenados, cuyo consenso se reduce a un acto, que se ha convertido en legitimación, por encima del análisis de elementos de la literatura –la semántica, la sintaxis, la arquitectura expresiva–: el *like*.

Dentro de mi reflexión, que es personal, incluí un "mos", "asistimos"; en qué caso es válida una especulación que incluye cuando es presunción: cuando resulta en un discurso comunicacional. Es una estrategia discursiva propia de las escuelas de lo comunicacional –marketing, persuasión, publicidad, información, explicación.

Mientras que la literatura, es el discurso de la representación, se ocupará de construir el discurso comunicacional por requerimientos textuales y no por asuntos de verdad, certezas, justificaciones.

La diferencia parece sutil, pero es el punto en cuestión; es uno de los conceptos que separa la anécdota, del cuento, relato, novela literaria.

Grupo Me interesa lo que escribes (Antalia Isim, administradora). Muro Oitos Rossi.

Aparece la sustitución de la fantasía irreal, amorosa, social, el espejismo sin sol, imágenes que se presentan como del interior del alma, cámara de eco, el sentido que produce el efecto de un desorden sensorial, algo sustituye mundo, simula consenso, detona la intensa etapa de la metanoia; que si se queda en los ojos, en febril hondura, se llamará loco; y si palabras, asumida la lógica rupturista, se dirá poeta.

26 julio 2022

Grupo Me interesa lo que escribes (Antalia Isim, administradora)

René Magritte (1898- 1967) fue un destacado pintor surrealista belga, famoso por la obra que muestra una pipa, con un texto en francés: "Ceci n'est pas une pipe", (Esto no es una pipa). Magritte juega con los significados de la palabra *pipe*, y la definición en inglés, *pipe* es tubería; en inglés, la pipa no una tubería (*pipe*); los otros significados es que podría estar refiriéndose al cuadro, el soporte, o a que es una pintura, una representación. Podría estar indicando que es la frase, los glifos, no son la pipa, la pipa está arriba.

El objetivo de señalar estas diferentes interpretaciones refiere a algo que está en un comentario: la literatura no es el habla.

La pintura, es de 1929, los campos de investigación de la literatura, estaba representados nada menos que por Michel Foucault (1926-1984), cito: "Ha de comprenderse que el lenguaje y la realidad no comparten ninguna relación orgánica y que el nombre de los objetos no aparecen cuando se miran. Así, los signos, las palabras con circunstanciales y convencionalismos establecidos".

También hace referencia a este hecho, a su manera, la frase de Borges:

Si (como afirma el griego en el Cratilo).

El nombre es arquetipo de la cosa,

En las letras de rosa está la rosa

Y todo el Nilo en la palabra Nilo.

Viene de un concepto de

Que es un sarcasmo Borgeano, Cratilo (360 a.C.) sostenía que hay una vinculación entre la elección del nombre de las cosas y su función o significado; según esto: habría que deducir, con sólo el nombre de la cosa, qué es la cosa, un concepto presocrático que, sostiene algo así, como que la "intuición" –no sé con qué palabra definirlo– de la cosa tiene existencia y bajo esa "atmósfera" se la nombra. Asunto ya cancelado desde el pensador francés.

El pensamiento es estructurado como lenguaje, no existe tal cosa como la cosa antes de ser nombrada.

Bajo esta óptica, podemos introducir una cuestión interesante, sobre el arte –la literatura como arte–, otra famosa obra que generó más controversia aún, que la de

Magritte. Marcel Duchamp (1867-1968), un mingitorio que se presentó en un concurso.

¿Qué opinan? ¿Es arte?

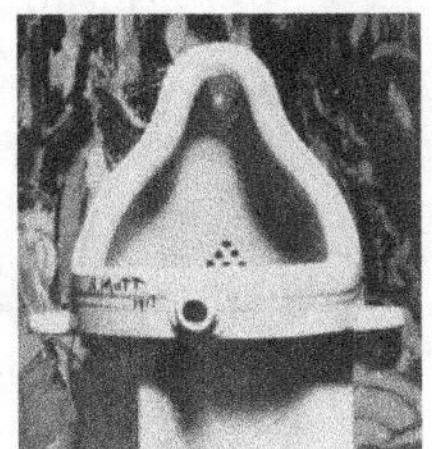

***

Se puede disentir. Para creencias, miles. Anécdota: siendo estudiante de ingeniería, hice Letras, y por supuesto, la explicación sobre literatura, me resultaba difícil de comprender, con esa cosa de adolescente que se cree con derechos a cuestionar, encaré al profesor -el hoy querido Dr. Ferro- y dije: "¿No se puede explicar más sencillo?, ¿no entendí nada?". El profesor Ferro, me miró con mirada que hoy sé traducir –ya saben de mirar a un borrico–, y me dijo: "vos te vas a tener que acercar a la literatura, la literatura no se va a acercar a vos". Me lo tomé con tanto coraje, que hice todo lo posible por ponerme a la altura, "conquistar" a Ferro –no a él, a su altura intelectual–, como Quijote, computadora en ristra, lo molesté tanto que finalmente "me comprendió"; yo era de ingeniería, en esos escarceos, apareció muchas veces "disiento". En eso, pasa el año, y entre las conversaciones, surgió ayudarlo a comprar computadora, a manejarla –hasta se negaba a tener celular–. Un día, me llama por teléfono y me empieza a hacer consultas –bastante básicas y que además, ya le había enseñado–, y en un hermoso y mágico momento le digo: "Dr. Ferro:

95

usted va a tener que acercase a la tecnología, la tecnología no se va a acercar a usted"... 😂😂... luego de compartir esto, solo me queda decirte una conclusión: la literatura existe antes que vos y yo, la idea de Cratilo, era refutada por Hermógenes, ya desde antes de Cristo. Y a lo único que ha conducido disentir –espero no estar ofendiendo con esto– es confundir textos escritos con realidad y el resultado son las religiones que "cuántos horrores han cometido en tu nombre"... dejando de lado el drama, no es problema que disientas, cada uno escribe como quiere, otra cosa es que se escriba literatura. No me contradicen a mí, contradicen a la literatura, desde los formalistas rusos hasta la actualidad. El efecto: si se quiere ser escritor, hay que entender los fundamentos de la escritura. Claro que encontraremos miles que se dicen escritor por escribir, pero también hay miles de fundamentalistas religiosos que quieren exterminar a la mitad de la humanidad, bajo sostener que lo escrito, es la verdad.

***

Un caso interesante, de este ir y venir –si refiere a argumentos y contradicciones, es propio de la discusión de todos, no solo de filósofos, se llama evolucionar–, el caso de Ludwig Wittgenstein (1888-1951), escribió un extraordinario ensayo –lo recomiendo–, sobre cómo se define el ser. *Tractatus logico-philosophicus*. Al no poder encontrar suficientes palabras que dieran cuenta de ello, el tratado afronta el concepto, definiendo lo que el ser no es. En matemáticas esto se llamaría aproximación o demostración por el absurdo de contradicciones. Lo interesante viene después: luego escribió otro tratado que contradice el primero. Qué importa, diríamos, si tiene o no razón el primero o el segundo, pero aquí viene la cuestión: leí dos extraordinarios trabajos poéticos –artículos que escribí en la revista *Metaliteratura*–, basados en ese texto. Uno, el poeta colombiano Fredy Yezzed, cuyo título es: *El diario inédito del filósofo vienés Ludwig Wittgenstein*, y el otro es *Arder, gramática de los dientes de león*, del poeta peruano, Julio Barco. Ambos trabajan, no solo la forma, sino el fondo a que refiere el *Tractatus*. Lo anecdótico: el trabajo de Yezzed, circula en medios académicos, es motivo de estudios y me llega por ese medio. El trabajo de Barco, me llegó por las redes, medios en donde "disentir", es una norma –no es malo, da para conversar, disentir es bueno–, y fue un trabajo algo incomprendido. También escribí sobre *Arder*, y otros trabajos de este poeta.

✳✳✳

Con el mingitorio, estamos ante el mismo hecho y otras derivas. El hecho de que se haya tomado un objeto, desde un contexto –el baño–, y se lo haya colocado en otro: el salón de exposición; ya configura un hecho artístico. Y a este gesto, que no es otra cosa que expresar el arte como una revolución, colocar la vista, la mirada, el reflejo de la interpretación, en otro contexto, tiene nombre, se llama: *ready-made*, algo así como "arte hecho". Me da la oportunidad de hablar del gusto: si parece de mal gusto, es otro tema. El gusto no es un recurso del arte, al arte no le importa cómo se modeló el gusto de cada uno. Desde luego creo que a Duchamp, tampoco le gustó el mingitorio –baste ver su obra–, pero tenía la cabeza puesta en el concepto de arte, y no de gusto. Anécdota:

97

en un libro del escritor rosarino Fontanarrosa – quizás me acuerdo mal el título del libro *El mundo ha vivido equivocado*–, en una exposición hay un cuadro que viene acompañado de un humano, para el que desee comprarlo, debe llevarse instrucciones de cómo colgar el cuadro y mantener al humano, comida, salud, etc. Si parece gracioso –y creo, era la intención de Fontanarrosa–; estuve en una exposición, la más importante de Buenos Aires. Y una de las obras era el hijo de un actor famoso, Porcel, el hijo más gordo que el padre, subido a una especia de montículo hechos de muebles, cuyo aspecto era precarios... el tipo se la pasaba chillando desde ahí arriba que le pasaran comida, gaseosas, además de forma imperativa, desagradable. Daba la impresión que se caería. Qué formaba parte de la obra, te preguntabas, ¿es arte?, claro es *ready-made*, tiene nombre. Fin de anécdota: al "desmontar" por cerrar la exposición, vi a ese hombre como un prodigio, con habilidad increíble para mover esa masa y tamaño, bajó del montículo sin que se agitara siquiera. Se puede disentir todo lo que se quiera, pero no basarse en el gusto para ello, no es un valor artístico el gusto.

25 julio 2022

Grupo Me interesa lo que escribes (Antalia Isim, administradora).

Leo la poesía de Basilio Fernández, poeta español, esto del esplendor y amargura, pensando en alguien que escribe solo y triste, y es recurrente en su poética -poeta peruano.

Y se me ocurrió inventar un "animal" imaginario, poeta, de estos de los que venimos hablando...y me saltaron dos palabras: *soliterado, solíraro*.

Ahora solo hay que agregarle etopeya.

***

Mencioné, al unicornio, como un "artefacto", es un concepto de Nicolás de Rosa –ver en la imagen de la revista *Unicornio*, la número 3, hay un artículo de este escritor–, refiere al análisis de todo texto, sobre sus condiciones de producción, artificios, recursos, que pone en cuestión la biblioteca, la capacidad deductiva del lector –capacidad en el sentido de interés lector como escritor, no como medida de evaluación para con el lector–; criaturas inexistentes, ponen en adjetivos, su característica de monstruosidad –como invento, no como negativo– en tensión con sus acciones y el efecto de esas acciones.

Mostrar y no mostrar al monstruo implica la misma característica: lo que se puede o no deducir de lo que se ve, es una función "artefacto", de lo que se infiere un efecto. Como ejemplo, en la primera películas de *Alien*, no alcanzamos a ver al monstruo, su aparición es rápida, sorpresiva, avanza hacia la cámara, imposible fijarla –como cuando nos acercamos a un objeto, tan cerca que los ojos ya no pueden detectar su dimensión ni entenderlo–, la mente construye el demonio por la situación de no mostrarlo. Luego, la literatura, como el cine, evolucionará hacia otras formas de artefactos de terror; en la película *Life*, encuentran una especie alienígena, convocan a los niños del mundo a nombrarlo, como si fuera una mascota; Calvin, votan los niños, nombre que refiere a dulzura, amigo, afable, dándole a la palabra, que ahora define a un alien, connotaciones de características humanas; las formas del alien son redondeadas, lábiles, blanquecinas, lo que se transfiere a belleza, se mueve con actitud sutil, serena; un intento de tomar contacto con el hombre. Pronto demuestra ser fuerte, determinado, inteligente, con intenciones de exterminar a la humanidad.

Estas descripciones, el artefacto es tan efectivo como sus características de producción: vemos lo que alguien escribió, sabiendo que produciría el equívoco de confundir al monstruo como bueno, pero en realidad es hostil.

Para mí, esa es una dimensión literaria importante: crear el artefacto que construye un efecto, y luego neutralizar el efecto con la creación.

Que se logre, es otra cosa. El lector lo decidirá.

***

Masticación

Así, como por terminarse, el regateo de las especie, la criatura volviendo sobre sí; densa, serpentaria, secreta mutación. El Ouroboro mueve la mandíbula como si suspirara, precipitándose dentro; roe, jadea; se puede especular sobre su fin: ¿percibirá que se come a sí misma?, ¿acaso no siente el dolor de la automutilación?, qué pasa con el extremo, ya engullido, que se agita en los jugos gástricos?, ¿morirá antes de detenerse? Morir es un retorno, para la serpiente, muerta dentro de sí, viva, digiriéndose, es como el gato de Schrödinger, estados simultáneos, cuestión de definiciones o de tiempo.

24 julio 2022

Grupo Me interesa lo que escribes (Antalia Isim, administradora).

En el bestiario de los seres imaginarios de Borges, el Odradek, es creado por Kafka; lo define como un carrete de hilo, y luego le aplica etopeya, le da carnalidad, que lo revela como algo vivo, un ser.

Qué cosa o quién era Odradek, embona con la cuestión sobre el mismo tópico del unicornio azul;

Y decanta en la misma cuestión: por qué necesitaron crear criaturas fantásticas, tan peculiares, para establecer algún significado. Qué hacía falta decir para que no existiera criatura real que diera cuenta de ello; no por dejar de lado la gran expresividad que ambas criaturas emanan, ya solo de sus descripciones e incluso las palabras con que se nominan; el análisis de las etimologías fracasan, y suele trasladarse el enigma hacia la biografía de los escritores.

La explicación sobre el homenaje a Roque Dalton, como el unicornio azul, me resulta insuficiente; después de todo los escritores solemos acomodar recuerdos; en cuanto al Odradek, hay resistencia en dejar al azar las características de la criatura, por de quién viene, una mente peculiar, escritor que forma línea directa de la exegesis de literaturas de culto, como la borgiana, queda fácil lo que se consideraba alienación hacia el comunismo de Kafka, lo que impone un sesgo político. Algunos han propuesto que es emblema de la conversión del cristianismo, al judaísmo, que expone una versión teológica.

Se podrá encontrar referencias desde diferentes ángulos de análisis, lo que tienen en común es la necesidad de encontrarles un significado que nos acomode a alguna lógica. Odradek, es de entre las criaturas de "El libro de los seres imaginarios" de Borges, una de las más enigmáticas. Y por lo tanto, las especulaciones no se descartan, ni se cancelan.

Me preguntaba si hay construcciones con estas cualidades, que no son ni lo que hacen o lo que son, sino la enorme altura literaria, cuya máxima característica es el misterio que la orbita.

23 julio 2022

Grupo Me interesa lo que escribes (Antalia Isim, administradora). Nota publicada en la revista Metaliteratura.

Hubo una revista llamada Unicornio. Me habían referido la anécdota sobre que el editor de la revista, le preguntó a la hija —niña—, qué nombre le gustaría para la revista, ella dijo: Unicornio; le preguntaron por qué, y dijo: porque es un caballo con suerte.

Escuché esto mientras estudiaba literatura, y ese es el origen del isotipo de *Metaliteratura*, la revista literaria: un unicornio con suerte –casi un sarcasmo, porque descreo de los efectos que se le conceden a la suerte–. La cuestión revela un aspecto en otro sentido, el unicornio, un ser inventado al que se le otorga poderes y la idea de que vive en lugares paradisíacos; traducidos en la concepción de una niña: tiene la suerte de ¿qué? Qué sería tener suerte siendo un unicornio.

Un unicornio –famoso– es azul. Me contaron que le preguntaban a Silvio Rodríguez qué representaba el unicornio azul, él respondía: se me perdió, cualquier información bien la voy a pagar. Aunque leí una entrevista, el año pasado –2020–, en la que Silvio Rodríguez afirmaba que fue un homenaje a Roque Dalton, salvadoreño, asesinado bajo acusaciones de agente de la CIA.

Estuve recabando información de esa época, y cuál no fue mi sorpresa cuando nada menos que el director de la revista, Roberto Ferro, participó de ese medio. Los hilos invisibles. En la actualidad, aquel mundo literario y *Metaliteratura* coinciden en ese símbolo: el unicornio y Roberto Ferro.

ARTE POÉTICA 1974 por Roque Dalton

Poesía

Perdóname por haberte ayudado a comprender
que no estás hecha sólo de palabras.

Luego, el tema unicornio, salvo el azul, parece ser una criatura destinada a poemas infantiles, evidentemente su relación con la belleza es un ideal estético que atrae a los niños.

Parece complicado hallar en este ser alguna literatura que signifique negatividad. Es una búsqueda infructuosa. El unicornio goza de tan buena prensa que difícilmente se encontrará algo terrorífico que lo involucre, lo que cae en el casillero de cosas por relatar para escritores: "Composición tema: el unicornio".

El unicornio negro

El unicornio negro es egoísta.
El unicornio negro es impaciente.
Al unicornio negro lo confundieron
con una sombra
o símbolo
y lo llevaron
por un frío país
donde la niebla pintó burlas
de mi furia.
No es en su regazo donde yace el cuerno
sino hincado en su hueco de luna
creciendo.
El unicornio negro no encuentra sosiego
el unicornio negro es implacable
el unicornio negro no es
libre.
Audre Lorde, norteamericana.

La palabra "negro", es interesante, porque la imagen de los unicornios, suele ser blanco. Egoísta, impaciente, se desvanece la criatura dulce que se ha instalado en el imaginario. En este caso, no refiere al ser mitológico, sino a una construcción semántica: unicornio, ser extraño; pero le ocurren cosas tristes, y sobre todo, parece que le adosaran un discurso, de parte de otros. "El unicornio negro es egoísta" es una voz dialógica, alguien lo dice, no es un yo gramatical. Es una descripción sobre el rechazo y la esclavitud. A pesar de ser unicornio, si es negro, su destino cambia.

Sobre el origen del unicornio, que nace en Europa, originalmente era un caballo blanco con patas de antílope, ojos y pelo de cabra y un cuerno en la frente –hace más de 4000 años–. El poder de la literatura lo trae hasta nuestros días, convertido en un ser bello, evanescente, cuyo cuerno sería usado en la medicina, lo que lo coloca en la posición de ser capturado. Hasta ahí, el hombre actúa como humano, acomoda sus razones para depredar un animal, y como si fuera poco, para atraparlo se requiere atraerlo con el olor de una mujer virgen. El unicornio ahora, es un objeto social, que aporta a la mística religiosa –era del cristianismo–, donde la pureza de la mujer tiene una función social, que intenta solapar el objetivo de control y subyugación del sexo femenino. Atrae a unicornios el ser pura, virginal, intocada; y volvamos con esta idea a la de la niña del comentario; el unicornio es un caballo con suerte: paradójicamente, solo las mujeres puras tienen acceso a él.

Luego, pensemos en el unicornio azul, y en el negro. Qué ha cambiado en el destino del unicornio y su representación: el color. ¿Acaso nó es un símbolo de racismo? La poesía, que no le debe nada a nadie, ya sea en canción, signo o como fuera, manifiesta la realidad sobre que nuestros ojos, la percepción del color, abre una brecha a la forma de estar en el mundo; es hermoso ver colores –si no viéramos colores, no sabríamos que es hermoso–, pero si hubiera un creador, cuántas cosas serían diferentes si tan solo hubiera desprovisto al hombre de la visión cromática que se produce por los estimulación de diferentes longitudes de onda de la luz sobre los conos, responsables de diferenciar colores. Los perros apenas distinguen azul y amarillo, por el tema de irradiación calórica que desprenden las cosas vivas, y casi podemos ponernos de acuerdo en que es una criatura maravillosa.

El unicornio, es un artefacto literario, a través de él, se revelan asuntos de humanidad. Es un elemento que aún puede, creo, explorar en diferentes usos estéticos y semánticos, originales.

***

Sobre el Ouroboro, hay desarrollos, comentarios, análisis en literatura, filosofía, matemáticas, física, mitología, biología; pero de todas, las que tratan el tiempo, son las más interesantes para mí. Uno de mis escritores favoritos, José Emilio Pacheco -y su inolvidable "Morirás lejos", novela que no dejo de recomendar, y sobre la que me

105

encantaría escribir una tesis-, define que el Ouroboro es el tiempo sin fin, el ciclo que recomienza; Yeat, lo define independiente, ajeno a las cronologías, ideas contradictorias. Qué es en realidad, esta idea de tragarse a una misma, esta idea de que una misma se alcanza a sí misma, en algún momento, no importa que creas avanzar, estás perdida, en círculos.

La palabra es el Ouroboro, según yo.

OUROBOROS

Pulverizar sus ojos
leer sus entrañas
extender la mano sobre el lomo de la escritura
sacarle el mundo
arrancarle su piel de serpiente a un lado
y renacer
en el infinito.

Diana Lichy, venezolana.

De Algún árbol de Diana, poema 23, Alejandra Pizarnik

23

una mirada desde la alcantarilla
puede ser una visión del mundo
la rebelión consiste en mirar una rosa
hasta pulverizarse los ojos

***

En principio, trato de comentar poemas de escritoras menos conocidas. Pero, es interesante que se abrió a la mirada sobre Pizarnik, porque usa una expresión parecida. No está de más indicar que todos los escritores formamos una relación de dependencia con ideas y palabras ajenas; a este sistema, se denomina intertextualidad, y se arma un "sistema" literario, que implica las referencias, de las referencias, y así, el entramado de lecturas, imprimen una manera de decir personal. La lectura es imprescindible para alimentar esa maquinaria: el ouroboro, comienza en Pizarnick... en este caso. Los escritores somos el Ouroboro de otros escritores también.

22 julio 2022

Grupo Me interesa lo que escribes (Antalia Isim, administradora)

Desde "Composición tema: La vaca", pasando por el búho y la serpiente, hay un gesto al estilo Edad media: recuperación del símbolo del animal, desdibujando las fronteras entre realidad y ficción. El conjunto de relatos que toman a los animales como elementos escriturales y alegorías, se denominan "bestiarios".

Tuve una experiencia curiosa en contacto con la escritura de un escritor gitano; escribí sobre ello. Tenía que ver con una visión animista: los gitanos no escriben, no van a la escuela y los animales son la extensión de sus sentidos y se apoyan en la observación de los animales, para interpretar el mundo. El escritor gitano, tuvo que convertir ese mundo de sentidos reales, sistema animal-hombre, en esta cosa de la palabra: adjetivos, sustantivos, signos; bestiarios particulares de una cultura que no creo poder comprender. Pensaba en estos temas y quise introducir dos escritores con sus bestiarios, uno que mencionaron: Julio Cortázar –no sé si se refirió a Augusto Raúl Cortazar, primo de Julio, también escritor–, y el otro, Borges. De este último, dejo de lado el gato, leopardos y otros animales reales; para referirme a "El libro de los seres imaginarios", criaturas inventadas, basadas en la mitología.

Y de Julio Cortázar, a quien le quedó insuficiente las características imaginativas a lo Borges, y le dio vida a los Cronopios, famas y Esperancitas; lo hizo tan bien, que pasaron a ser características humanas; no es extraño que haya expresiones como: "sos un Cronopio"; y, al revés que tomar características del mundo real, con sus comportamientos comparado, etología, pasamos a tomar referentes literarios para definirnos.

Qué es un Cronopio, me refiero a su significado respecto a artilugios literarios, acaso a Cortázar le quedaron insuficientes los animales y en vez de usar las mitologías, como Borges, recurrió a la imaginación.

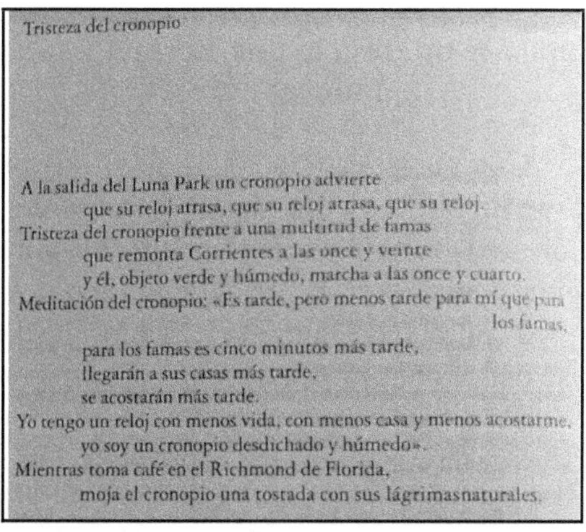

Tristeza del cronopio

A la salida del Luna Park un cronopio advierte
    que su reloj atrasa, que su reloj atrasa, que su reloj.
Tristeza del cronopio frente a una multitud de famas
    que remonta Corrientes a las once y veinte
    y él, objeto verde y húmedo, marcha a las once y cuarto.
Meditación del cronopio: «Es tarde, pero menos tarde para mí que para
    los famas,
    para los famas es cinco minutos más tarde,
    llegarán a sus casas más tarde,
    se acostarán más tarde.
Yo tengo un reloj con menos vida, con menos casa y menos acostarme,
    yo soy un cronopio desdichado y húmedo».
Mientras toma café en el Richmond de Florida,
    moja el cronopio una tostada con sus lágrimasnaturales.

(*Historias de Cronopios y de Famas*, Alfaguara, ed.1994 pag:476)

El texto revela la importancia de la exactitud de indicar el tiempo, es un dato necesario y obvia función textual. La textura de organización de palabras representa también el ritmo de un reloj que no es que atrasa, sino que retrocede.

El Cronopio, un significante vacío —aunque la obvia referencia de la palabra crono, ya es una declaración—, al que hay que caracterizar: etopeya, se hace con lo justo y necesario para establecer el sentido.

Me gusta detenerme en el personaje Cronopio, principalmente porque ha traspasado su genealogía primigenia; en la actualidad, se toma como sinónimo de romántico, sentimental. Pero en su época de producción, durante la dictadura en Argentina, se forzaba su lectura bajo el sesgo político, lo que pregnaba al texto de una interpretación en ese sentido. Se llegó a decir que los Cronopios eran una parodia de la poca capacidad de los peronistas, inútiles, soñadores, ausentes de la realidad.

Se publica en 1962, veinte años después de la publicación de *Casa tomada*, a la que también le dan una interpretación que involucra peronistas.

Siempre me ha intrigado la clase de lector que produjo el *Boom* y que leyó a Cortázar, y a un Fuentes, o a José Donoso. Cortázar solía decir que los adolescentes eran su público, lo que parece dejar afuera la interpretación del peronismo.

***

El animismo es sobre otorgarle características propias de humanos a objetos y animales; alma, por simplificar. Alentado como recurso de uso religioso, no cuenta con un origen claro. Mark Twain escribió: "El error fue prohibir la manzana. Adán se comió la manzana porque estaba prohibida. Si Dios hubiese prohibido la serpiente, Adán se hubiera comido la serpiente".

El primer animismo, pienso, fue otorgarle a la serpiente una intención propia de humanos, pero "lo humano" no existía; en todo caso, fue un acto del mismo dios para probar a su criatura; el gran articulador.

A la boba de la serpiente, también la expulsaron del paraíso.

En mi libro *Pentimentos*, relato un episodio de abducción, desde ese punto en que la serpiente desaparece del paraíso y aparece en el báculo de Moisés –en el del hermano, en algunas versiones–, ante el faraón.

Y hace poco, descubrí este poema. Me invitó a la reflexión, mientras a la simpática vaca se utilizó cómo representación metonímica, la desagradable serpiente goza de los placeres del romanticismo.

Serpiente

Vieja liana del mundo
enroscada a su cepa, te deslizas
por la vena del tiempo desde las aguas madres.
Engullidora exacta, todo pasa
por el flexible túnel de tu ciego apetito:
gacelas, manatíes, patriarcas,
luengas tribus que bogan
por el río intrincado
de su genealogía... y te devoras
a ti misma en anillo
de secreta anfisbena. En el desierto
te escurres de costado, mientras tu huella traza
su oscuro jeroglífico sobre la arena cruda.
Al encontrarte, el pie vacila, y siente,
bajo su planta, como si la tierra
retirase su estera.
Hoy queremos las paces
contigo, fiel guardiana
del jardín de los padres, abuela de la ciencia
que aquel celoso fruto le arrancaste
del sabroso saber al Dios del miedo.
Deja que te soñemos
abrazada a la pértiga que destierre las plagas,
crucificada sierpe de la sabiduría,
culebra al fin amiga, báculo
del humano albedrío para el camino nuestro.

Miguel Velazco. Poeta español.

Me resulta particularmente interesante que se ubica a la serpiente en distintos escenarios de la historia. Un poema que contiene un espectro tan amplio de impactos, es notable. Y por verso, lo hace a veces con una sola palabra. Por ejemplo, la palabra "anfisbena"; una criatura mitológica representada como una serpiente con una cabeza en cada extremo de su cuerpo. En la mitología griega, la Anfisbena había nacido de la sangre que goteó de la cabeza de la Gorgona, Medusa, cuando Perseo voló sobre el desierto libio con ella en la mano.

***

También, hay una fuerte representación, que está ausente en el poema: el ouroboros. Qué detalle.

***

Pensé que habiéndose colocado a la serpiente en sus significados más conocidos, efectivamente, no se había hecho referencia al Ouroboros... aún reflexiono sobre que sí se hace referencia al lemniscata, por lo del tiempo. Debo decir que mi reflexión está teñida por mi conocimiento sobre la Teoría del tiempo, que precisamente ofrece una perspectiva sobre el tiempo y los efectos. Este texto, que si mal no entendí, se escribió antes de que la teoría se volviera popular. Pero, es interesante cómo sobrevuelan las teorías. Tampoco existía cuando Bioy Casares escribió su famosa novela La invención de Morel, sin embargo, la descripción del funcionamiento del artefacto coincide con la Teoría de Cuerdas en puntos sorprendentes.

***

La crueldad de la revolución francesa, inicia la ilustración –la identificación se fija

111

posterior a los hechos que la definen, pero, es el conjunto de acciones lo que impulsa a nombrarlas –, el neoclasicismo surge para reflejar en el arte, los principios de la ilustración (siglo XVIII), auge de la pintura, y en literatura; Voltaire, Rousseau, Montesquieu; predomina la razón y el rechazo a la religión como método de ordenación de la sociedad.

Los "ismos", se dice, surgen como rebelión de modelos anteriores, en oposición a la ilustración surge el romanticismo; sus características son el sentimiento por encima de la razón, los temas son: viajes exóticos; el destino, la anagnórisis; el amor y el destinos, frustraciones; relevancia del paisaje como elemento de exaltación poética y la compañera de la noche.

Dije que el poema Serpiente pertenece al romanticismo. ¿Es así?

***

Los nombres se colocan luego de que se individualiza sus características. No es necesario preguntarle al autor, lo que hay que comparar con las características del romanticismo.

***

Las características del Romanticismo, tratan sobre la exaltación hacia la naturaleza, veo esas características en "liana", "cepa", "río intrincado", la mención de otros animales. Luego, otra característica es el viaje exótico, veo en la descripción de las huella en el desierto, que no se nombra, sino por mímesis de "jeroglífico"; otra características: el destino, - usualmente frustrado o no muy exitoso, la

112

exaltación usualmente viene en forma de queja por el destino-, con "humano albedrío", en fin, son un conjunto de características que la definen dentro de ese "ismo". Sin saber nada del autor. Me parece que justamente, aquellos poemas que se pueden acomodar a comparaciones futuras, mantienen su vigencia. Y eso es parte de lo que los convierte en un clásico. ësto último, no se podría afirmar ya que la cualidad de clásico, viene de ser un referencia primigenio, fuente de "ismos", no sé si es el caso. No me gusta indagar en la biografía de un poeta, antes de analizarlo, dirige la opinión.

Los precursores ya son famosos, Goethe, Hölderlin, Novalis, etc..

***

Lo interesante del tema, en ese relato, son las contradicciones. Porque todos los actos que requirieron que ocurra, fueron un invento posterior, me refiero a los verbos: prohibir, convencer, comer. Hay como una tautología, en esa escena. En Pentimentos, mi libro, lejos de poner foco en ese suceso, hago notar, y así empieza mi libro y que ese momento, más allá de todo, lo único que pasa de importante es que activa el tiempo: a partir de ese punto, la historia comienza. Claro, siempre referido a lo que representa ese relato.

21 julio 2022

Grupo Me interesa lo que escribes (Antalia Isim, administradora)

Expresé la cuestión sobre si se podía escribir fuera de la experiencia directa. Pero también se me ocurrió que , como postulé que sí se puede, y encontraba un ejemplo para probarlo, tal empresa es inútil, porque contradice aquel principio fundamental de la literatura: nada es verdad, todo es la calidad de la literatura que te hace creer que es verdad.

Pero no deja de ser un ejercicio, reflexionar al revés: según lo escrito: ¿se puede determinar si el escritor tiene experiencia en el tema que desarrolla?

Por ejemplo, me concentré en poemas de un pájaro en especial, por las múltiples connotaciones que su nombre implica.

El búho

Detrás de cada nube, de cada monte
de cada copa, de cada rama
hay búhos en la noche.
Se esconden en el humo de las pipas.
Se alimentan de malentendidos
y estrellas de neón.
En la oscuridad se pueden confundir
lo mismo con esas cenizas
que con sus sombras.
Con los faros gemelos de sus ojos
recorren parsimoniosamente
las aguas de la noche.
Y conversan con el viento.
Sollozan con la lluvia.
Se callan con el sol.

Alberto Blanco (Nada conozco del autor, justo para no interpretar en base a conocimientos externos)

Muro Ana Abregú.

En el ascensor de un edificio, para cuatro personas, sube una embarazada con el marido y pide, por favor, subir sola con él; se disculpa, sufre alguna especie de claustrofobia. Delante de mí, una mujer se queja y arma una discusión; la embarazada, por favor, por favor, me sofoco; yo pedía calma, con voz mínima –estaba sin voz, y no se me entendía– y, vigilaba el ascensor de al lado; señora, dije...tenga empatía, más tardan en la discusión, que la señora suba sola; no se me oía, la verdad. En un descuido que suelta el botón de subir, que retenía el ascensor y puse la mano encima para protegerlo y que cerrara la puerta y, por fin, moverse; terca, la de adelante, sale echa una trompa, a quejarse con el administrador; viene el segundo ascensor y subo, pongo la mano, tratando de esperar a la señora enojada y la que entra detrás mío, me dice: por favor subamos, yo no quiero estar en un lugar tan estrecho, sola con esa señora...a qué piso vas, me pregunta –no le contesto, no tenía voz y no me escucharía.

Dejo que la puerta se cierre y me dice: por favor, no me dejes sola, voy al once, ¿no te molesta acompañarme?, yo, sin hablar, asentí... Y la acompañé...

Esto ocurrió en la sección consultorios de un sanatorio...

A ninguna se le ocurrió pensar en los otros... estábamos, obviamente, por un problema de salud, y todos actuaron como si solo ellos tuvieran algún problema.

Nos vamos a extinguir.

19 julio 2022

Grupo Me interesa lo que escribes (Antalia Isim, administradora).

Sobre planteo de un escritor cubano, que dice ser "empírico, como escritor", sin ánimo de polemizar, no he leído su obra y no quiere decir que no puedas usar las palabras como quiera, pero me da la oportunidad de comentar sobre la experimentación en literatura.

La experimentación con las formas de expresión, es precisamente, uno de los objetivos de todo escritor; y los grandes, no solo lo han logrado, sino que destacan precisamente por ello. Es, pienso, la gran aspiración del camino literario: una nueva forma de decir. Para poder decir que es "experimental", es necesario tener una comparativa, respecto a lo que ya está diseñado en propuestas de escritura.

En lo personal, cada propuesta en mis libros es una transgresión a la que le doy un sentido textual, y, desde ese punto de vista, es que procuro conseguir comentarios sobre los libros, de la extensión de la memoria: los críticos; conocen campos comparativos extensos y comprenden el proceso de la experimentación. En este camino, hay rechazos, hay prejuicios, hay mala ideas, ideas que no interesan a nadie, etc.; hay de todo, es un camino.

Sin ser un problema, sino una forma que nada que ver con la experimentación literaria, es cuando se define al revés: empírico a "eso que sale".

El experimento literario, no es al azar, requiere de saber qué características definen al experimento. Aprovecho para comentar este:

El escritor Toby Litt, inglés, escribió *El encuentro de mí misma* –, hice una breve encuesta, sobre si este libro lo escribió un hombre. El título, no debería ser una declaración sobre el autor, sino sobre el texto–, que utiliza un recurso de Virginia Wolf, en *El Faro*, novela que trata reflexiones, conflictos, equívocos, entre familiares que se encuentran, luego del tiempo. Sin conocer *El Faro*, el de Litt, quedaría en otro plano, aunque no por eso menos efectivo, sin embargo, es parte de la lógica experimental, le da un sentido.

En la de Litt, la protagonista se reúne con su editora, y otros personajes, con la que va trabajando un texto –el texto que leemos–, no voy a relatar lo que pasa, sino cómo lo hace: el libro, ahora ya impreso, es sobre las huellas, los restos, los accesorios, las conversiones que sufren los textos a la hora de ser sometidos a los editores. La novela no es lo que cuenta, aunque sí leemos lo que cuenta; leemos la historia de las correcciones.

Me permito una digresión: es un poco lo que intenté con mi libro Antí(eu)fon(í)as, poemario, el gesto de la tachadura, el gesto de desviar el sentido, o de torcerlo, sin hacerlo desaparecer, hacer evidente que el sentido depende del mínimo signo: el punto, y del mínimo gesto invisible en la obra final: la tachadura. Mientras más breve es el formato, más complejo el sentido, y esa es la razón por la que, al menos este poemario, causó impacto en un lector que reconoce esos giros literarios.

Les muestro algunas de las páginas del libro de Litt.

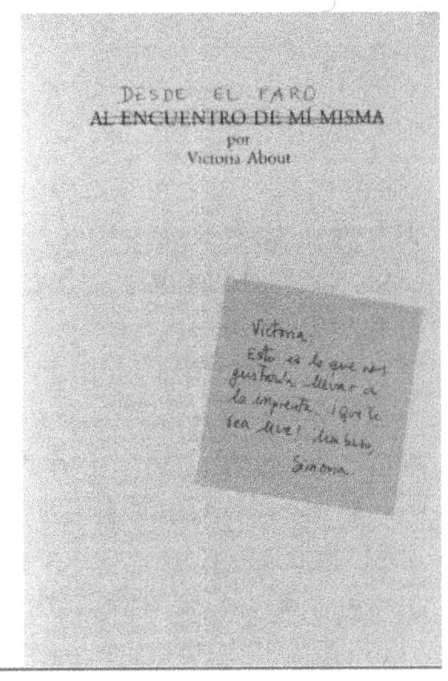

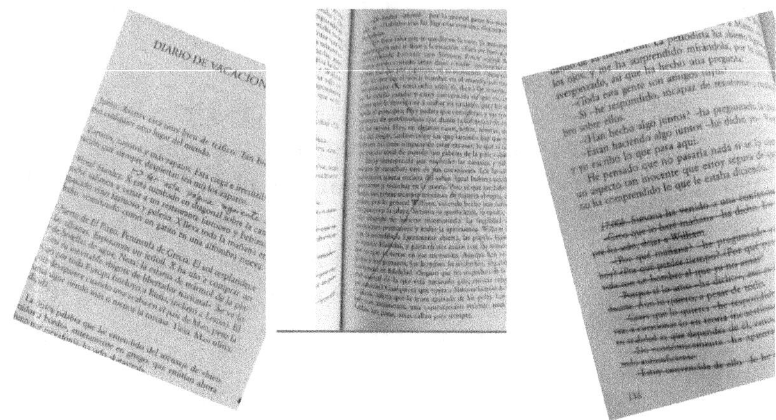

La pista importante, que hace que el lector investigue la referencia, es el hecho de que en el título, se incluye el título de Wolf. El libro, desde el comienzo, ofrece sus pistas. El que no ha leído *El Faro*, no comprenderá la referencia; pero, el lector afinado, buscará inmediatamente el sentido. No que haya que leer primero *El Faro*, para entender éste, pero, hay otra lectura para aquel que ya lo hizo, o lo hará luego.

Es una especie de *Rayuela* entre libros.

Entrar en sistema de referencias con otros libros, es permanente en la literatura, la experimentación en este es incorporar el espacio de la edición, y darle un sentido, un poco de sarcasmos sobre la intervención de los editores en los textos.

La experimentación es una forma de destacar como escritores, es una forma de ver la literatura como juego, como significado, como desafío.

Esto no desvaloriza ninguna otra propuesta literaria, solo que cuando se dice "soy empírico", hay que entender que no significa una definición fuera de los lineamientos de este tipo de literatura. Un escritor, que se define a sí mismo, con una palabra, debe saber dentro de qué campo de acción se ubica, literariamente hablando.

Todos los Muros: Ana Abregú, Antalia Isim, Ana Lexton, Oitos Rossi.

El fuego era más hermoso, por Nicolás López Pérez.

Ana Abregú, Ignitos. Buenos Aires: Metaliteratura, 2022.

[La última publicación de Ana Abregú es un acontecimiento imperdible. No se puede no asistir. Entre suspensiones del tiempo y tejidos que se recomponen, la poesía y la literatura se presumen probables entre lo improbable. Ignitos es un repositorio de instantes prepoéticos, donde no es necesario que el lenguaje concluya en algo, sino demuestra que es un constante devenir, una metamorfosis para desarmar cuantas veces sea necesario]

Puede que yerre, pero Robinson Jeffers es uno de los tesoros de la poesía estadounidense de la primera mitad del siglo XX. Y no es para menos, la probabilidad de quedar relegado cuando las figuras de un campo cultural proliferan es alta. Sin perjuicio de ello, hay versos que es preciso destacar cuando las circunstancias lo ameritan. Precisamente el poema "Fire on the Hills" (Fuego en las colinas) escrito en 1932 tiene una reflexión incendiaria: "Beauty is not always lovely; the fire was beautiful…" ("La belleza no siempre es adorable; el fuego era hermoso"). La última idea titula este comentario sobre el nuevo libro de la incombustible escritora argentina Ana Abregú, Ignitos, recién salido del horno hace unos días.

CONTINUAR LEYENDO:
http://www.metaliteratura.com.ar/index.asp?pagina=notas.asp&con_codigo=438&titulo=El%20fuego%20era%20hermoso

(Lujos que me doy).

18 julio 2022

Muro Antalia Isim. Grupo Me interesa lo que escribes (Antalia Isim, administradora).

Composición tema: la vaca.

La vaca, animal de profundidad ontológica, a veces sagrada, a veces sacrificada, naturaleza animada e inanimada a la vez, cumple la teoría de Ortega y Gasset, sobre la separación de la ejecución de las cosas y la apariencia de permanencia; la vaca viva, da leche, muerta, la carne: adecuada para la cuestión schrödingeana, hace innecesario salvar la dificultad de llenar el espacio de una caja con la vaca, lo que ya hace la geografía, si está en Calcuta, viva en la calle; en occidente, muerta en un restaurant.

El ser real de la vaca, no se representa por la palabra, breve, cacofónica; su dimensión, confiesa la falsa materialidad del nombre.

Esgrafiada y provista de gestos mecánicos, la masticación fluida, el rumiar como un mantra, desdibuja su propósito ambiental. La lentitud del tránsito de sustancias, por los cuatro estómagos, fortalece el relleno de metano, lo que convierte a la vaca en un potencial misil; al encender fuego cerca de la vaca, según mecánica de fluidos y combustión podría volar.

Si vemos una vaca volando, terminamos en un lugar oscuro, en la caja de nuestra mente, entre dos estados; destituida la cuestión sobre si vivos o muertos, para ni gato ni vaca.

La intención era utilizar los recursos del poema de Carriedo, Atanaclasis y Esticomitia. En la paradoja de Schrödinger se presenta un gato hipotético que puede estar simultáneamente vivo y muerto, un estado conocido como superposición cuántica, como resultado de estar vinculado a un evento subatómico aleatorio que puede ocurrir o no.

En mi texto establezco la vaca, simultánea, pero la desplazo en geografía y se produce el equívoco, la vaca en un país donde no las matan, son sagradas, en el resto del mundo. Y no solo en desplazamiento horizontal, sino vertical, vuela, con lo que incorporo otros campos del conocimiento, la física –hay un dicho sobre los imposibles: "ocurrirá el día que las vacas vuelen"–, la psiquiatría –hay una expresión que si ves una vaca volando, estás para el diván.

Parece excesivo aprender con qué recursos se construye un texto, pero una de las mejores formas de afinar el dispositivo lector, es ir al revés, ajustarse a uno o varios recursos. Esto hace que luego se reconozcan en textos que no son propios: es un ejercicio de lectura. Pienso que no se puede enseñar a escribir, pero sí a leer. Se entiende que a leer como escritor: reconocer los recursos.

Sacrificada, sagrada, aliteración en la primera frase.

Lo de José Ortega y Gasset, es ineludible asociarlo con "la rebelión de las masas", introduzco un sistema de significación sobre "masa", "vaca", un poco la vulgarización de Carriedo. Entre otros.

17 julio 2022

Muro Antalia Isim. Grupo Me interesa lo que escribes (Antalia Isim, administradora).

La figura de la vaca, es interesante, en diversos aspectos. Me refiero a usarla como elemento representado en la literatura; la famosa canción de María Elena Walsh, argentina, *La vaca estudiosa*, revela, un poco, lo adecuado para personaje infantil. El recorrido de la vaca, en sus diferentes usos metafóricos, van desde Francisco de Quevedo, español, con *Las tres musas últimas castellanas 11* a César Vallejo, peruano, en *Trilce: XIX*, pasando por Pablo Neruda, chileno, en *Soneto LXXVII cien sonetos de amor (1959) tarde*, o en *Te has dado cuenta que el otoño*, y otros. Hoy, Gabino Alejandro Carriedo, español, hubiera sido vilipendiado por su *Soneto de la mujer gorda*; escuché que antes, había un clásico de la escuela: "**Composición tema: La vaca**"; no viví esa época, pero quiero abrir la discusión sobre dos asuntos: la afirmación que ya nada se puede escribir sobre la vaca que asombre; y lo segundo: los niños de la ciudad, nunca han visto una vaca y no han creado relación con el animal, con la fuerza inspirativa que requiere escribir sobre algo que ni está en sus registros de experiencia.

La cuestión: ¿es así?, ¿ya nada se puede escribir sobre la vaca? ¿Se puede escribir sobre algo sin la experiencia directa?

Quién se anima a contradecirlo. Lo contradigo taxativamente, aunque aún pienso en cómo demostrarlo.

Mientras, y porque rompe con algunos prejuicios, replico el poema de Carriedo. La razón de ello es que, a veces, se toma lo vulgar como fuera de lo literario, y el mismo curso toma la burla, el sarcasmo, es decir el gusto. Mientras, el gusto no es un recurso literario, sí lo son la ironía y el sarcasmo. El objetivo, no es juzgar el tema o condenar el poema, sino, analizar las características que lo convierten en literatura.

Soneto de la mujer gorda

Perfil de cama tienes, mujer hueca.
¡Qué lástima tener perfil de vaca!
estás más gorda cuanto más destaca

tu empecatada mole de ama seca.
No saques el perfil de hilo de rueca,
más bien tu enorme culo de oca saca;

saca ese saco de tu cuerpo, paca,
trueca la oscura roca de tu peca.
No peca quien se obceca un poco y toca
boca con mueca donde cuelga el moco

que abre la saca loca del tabaco.
¡Tu empecatada mole de acre foca!
¡qué lástima tener perfil de coco,
mujer de cama hueca o hueco saco!

> Dejando de lado la obviedad, entre vaca y gorda; hay un trabajo detallado de la fonética y recursos sutiles.
> Vaca, más que la representación metafórica, es un elemento semántico basado en figuras estilísticas de la fónica.

La obvia aliteración, sílaba *ca* y otras. La menciono porque llamo la atención sobre la distribución, produce una especie de mantra, sonsonete. Es un recurso conocido.

Pero, en referencia a otros menos nombrados:

Paranomasia: palabra parecidas, en fónica, distinto significado, hueca, rueca, poco, moco, coco, etc.

Ecfonesis, el uso de los signos de exclamación como modo de exaltación. Para los que se preguntan de qué otro modo se usa ese signo: para grito, que no es lo mismo.

Atanaclasis: uso de equívocos, "que abre la saca loca del tabaco", una expresión de época, a la que le toca el destino de algunas expresiones que se usan en El Quijote, ya obsoleto el acto que las describe, se pierde su semántica y significado. Se llevaba el tabaco en una saca o saco de cuero, para cargar la pipa, de color marrón por el uso; mímesis de la boca de la boca, boca de la mujer. Hay varias sugerencias en el verso: el mucho uso de la boca, la suciedad, la baba que se desliza.

Usé frases para describirlo, el poeta lo hizo en un verso; el hecho de reconocer todo un concepto con un sentido, en breves palabra, para el caso: verso, es también una figura estilística: Esticomitia.

Queda claro que podríamos seguir el análisis en detalle; pero queda superado el hecho de que es un texto literario.

16 julio 2022

Muro Ana Abregú.

Ayer, hablé con un adolescente sobre tema programación.

Estaba estableciendo una referencia entre los lenguajes, de programación; me doy cuenta que hay una especie de divorcio, entre lenguaje comunicacional, comprensión, y el hecho de transferir eso a lenguaje de programación u otros – como la matemáticas.

Parece no ser explícito que cualquier explicación oral requiere de la comprensión de análisis de lectura, específicamente la sintaxis y gramática.

Explicaba qué significa *objeto*, y *clase*, y sus características; el instrumento para expresarlo, es el lenguaje. El adolescente se fastidió porque dije algo que es concepto de programación, pero, lo entendió como concepto del lenguaje, dije: qué es mostrar, ver, deslizar...y dije: verbos... puso los ojos hacia arriba, chaqueó la lengua y respondió: pero qué importa; creyendo que mezclo todo...

Importa mucho, dije: porque si es verbo es una acción, y en programación orientada a objetos, se reconoce los métodos, precisamente, porque son verbos.

Si en la lógica de programación se requiere una acción –verbo–, hay que programar un *método*. *Método* es la palabra técnica para definir la acción, en programación.

La idea de que el lenguaje de programación debe ser explicado diferente, o usando lenguaje diferente al comunicacional, donde se usan las normas lingüísticas, es una grieta semántica en la atención de los chicos para aprender programación.

Intentaba que, mirando un programa, cualquiera fuera el programa, C++, Java, .Net –basta con mirar–, entendiera que sabría lo que hace el programa, si podía identificar los verbos.

Pensar que algunos creen que los que funcionan bajo la unidad aritmético-lógica adecuada, les resulta fácil la programación y no necesitan saber nada de gramática.

Y este simple hecho es la razón por la que comprendo todos los lenguajes: porque puedo reconocer los verbos, dentro de la escritura.

Claro que nunca vi un programa en chino, y no sé si hay específicos en ideogramas. Me gustaría saberlo.

15 julio 2022

En todos los muros.

NOVEDAD:

La incandescencia, escrita y reescrita en los fragmentos de Ignitos de Ana Abregú, impone a la mirada lectora que los recorre un campo de intensidades, territorios donde se intersectan gestos de un pensamiento impuro, nunca alterado por el descubrimiento de la verdad sino que aspiran a la disposición de formas lábiles de un decir poético más que reflexivo. Ninguna de esas incandescencias se deja falsificar en una cómoda representación; mucho menos es posible semejante reducción a medida que la figuración, con su insistencia, se estratifica más y más, y se complica semánticamente. En los textos de Ignitos, las iluminaciones de las brasas se diseminan, se expanden, iluminan y también se enlutan y debilitan, acaso porque solamente así es posible que emerjan, en agónica confrontación, las ideas en su fuga perpetua, sólo entreverando, de modo indecible, esas fulguraciones se entrevén insistentes las huellas de la memoria o las ausencias inasibles del olvido. Al modo de los pensamientos intempestivos nietzschianos, las voces que profieren los fragmentos se presentan como la diversificación de fuerzas casi personificadas que se sitúan, alternativamente, al reparo de tradiciones proclamadas y de la intemperie de las innovaciones de las cegueras de los estereotipos; desde esos puntos de ignición es posible vislumbrar cómo la palabra impulsa a descubrir un algo que le es exterior o anterior, un mundo que lo influye y lo determina. Es a ese punto al que tienden las iluminaciones, un punto en el que las voces no se consumen en el ardor de las deflagraciones sino que se desplazan por la incesancia de la danza de cada llamarada; hasta las más tenues son una red de estancias móviles, estancias que son simultáneamente la quietud y la agitación, como un río cambiante, como una mutación discontinua y obstinada de significaciones.

"Hay días de tiempo perpetuo, infamantes", así la repetición, una forma anticipada de la muerte, se trastorna en el anuncio de una amenaza: el de la finitud de lo invisible, el ojo que lee queda entonces atrapado en las estrías del sueño de la piedra y vacila frente al laberinto de la letra que es siempre otra cada vez, "A la pequeña cosa, sellada en una piedra, donde la eternidad dejó su huella".

Roberto Ferro.

CONTINÚA en Posfacio.

http://www.metaliteratura.com.ar/index.asp?pagina=notas.asp&con_codigo=438&titulo=El%20fuego%20era%20hermoso

(Lujos que me doy).

8 julio 2022

Muro Antalia Isim. Muro Oitos Rossi.

Una vez sensible y receptivo al húmedo roce del sonido en el oído, jadea, táctil, la materia resuena, se ordena entretejida en sutilezas, gestos, susurros, el filo de la palabra, incitante, el universo femenino se revela en el poema.

***

Muro Antalia Isim. Grupo Me interesa lo que escribes (Antalia Isim, administradora). Grupo Escritores Independientes.[1]

En un grupo, el miembro: Gloria Gómez Atienza, hizo esta pregunta, no puedo saber si hizo algún cambio, así que la comento como la leo:

---

[1] https://www.facebook.com/groups/2220914244695610/ En comentario realizado por un usuario.

Hola, quisiera saber, si en esta frase, el pronombre tu, lleva acento, y si quitaríais alguna y.

«Volará con ese deseo y ese amor y llegará hasta ti, tu deseo se convertirá en realidad. Gracias».

Me resulta interesante que las respuestas, "corrijen", en base a un sistema personal, y no prestan atención a la propuesta escritural. Pienso que se debe al abuso del recurso de colocar al narrador a distancia, y nominando objetos y situaciones otorgándoles una particularidad que quiere significar individualizar, pero es un error de uso, según de qué narrador trate. Se cuestiona el uso del pronombre "ese" –y vale lo mismo para el pronombre "aquel".

Usualmente, los pronombres "ese" –por razones inexplicables– son muletillas de uso corriente, hay saturaciones de ese uso; sobre todo en narradores omniscientes los aplican mal, porque refiere a un narrador presente que señala, y no es característica de narrador omnisciente. El omnisciente no está presente en las escenas, si lo estuviera, sería narrador testigo —algunos confunden el relato en tercera con el omnisciente—. El exceso de mal uso, me dispara alertas como lectora.

Sin embargo, en este caso, hay un juego de estilo, tres elementos separados por la conjunción "y", y réplica de fonemas, "ese", que se repite en "deseo", del mismo que se triplica el fonema "ara"; es un juego de corear o replicar, donde "ese", está incluido en deseo; además. Si se lee en voz alta, el efecto puede escucharse como cacofonía, pero, es un tema de oído, es un efecto construido, no es casual. El texto conforma una unidad de sentido, basado en la fónica. Nada hay que sobre o esté mal, literariamente hablando, incluyendo que "ti", es correcto sin tilde.

Técnicamente, están representados recursos fónicos de Anáfora, paranomasia, rima, aliteración, polisíndeton.

Otra cosa es que el resultado sea interesante, o de gusto, o cause reacciones ajenas a los recursos literarios.

7 julio 2022.

Muro Antalia Isim, Grupo Me interesa lo que escribes (Antalia Isim, administradora). Grupo Escritores Independientes.[2]

Alguien preguntó por una editorial, de nombre: Frágil. Me causó gracia, y nombre ridículo para casi cualquier negocio. Como que expresa precario, derrota.

Pero, para ser justa, es un criterio inválido; uno de los e-commerce más exitosos y difundidos en el mundo, se llama: Alibaba.

Hace poco leí el texto, de Sebastián Zaiper Barraza, "un beso mariposa aletea en el oriente y una mejilla se sonroja como huracán en occidente", que hace referencia al proverbio chino "una mariposa aletea en oriente y produce una tormenta en occidente", y la mayoría se burló, le dieron consejos sobre sacar la palabra huracán; comentarios que revelaban que no comprendían el texto o su importancia para la ciencia, con la Teoría del Caos y las derivas, como el Principio de incertidumbre de Heisenberg . Hay toda una cadena de consecuencias, basadas en el proverbio.

No debería extrañarme que haya gente que compre en Alibaba, o que escritores no presten atención a que es raro una editorial de nombre Frágil. Compradores que no saben quién fue Alibaba y escritores que no le prestan atención a las palabras.

***

Hablando de construcción de personajes, alguien empezó a acomodar prejuicios sobre qué le gustaría a las rubias –sin darse cuenta que lo hacía–, pero, es literatura, mismo se puede estar construyendo eso: el prejuicio en la visión del personaje.

Así que me subí a las consecuencias de ese enfoque, y entrando en la literatura, construcción de universo propio, y

---

[2] https://www.facebook.com/groups/2220914244695610/ En comentario realizado por un usuario.

como me preguntan a mí, en mi concepto, y a propósito de la mera construcción de un personaje:

al chico capaz de conquistar a la rubia le gustan los museos, el mar; él debe ser hábil nadador, usar patines de fila, andar en moto, monopatín, auto, y si es piloto de avionetas, no necesita ni saber hablar; porque a las rubias más que la velocidad, les gusta armonía, coordinación y libertad de movimiento...

Por referencias, recurro a la película, que me encanta, El caso Thomas Crown, versión nueva, qué hace él: la invita a un museo, la lleva a volar en planeador, la lleva al mar, a una isla.

Y así, podríamos ir hilando prejuicios, al punto que no necesitaríamos mencionar que es rubia, para que el lector ya la imagine rubia.

***

Apareció en un grupo, una pregunta repetida: cuál es la diferencia entre relato, microcuento y cuento corto.

Los comentarios hicieron hincapié en la características de la extensión, medida inespecífica y precaria.

De manera que este es mi aporte:

La diferencia entre cuento y relato, es que en el segundo, obligatoriamente, pasa el tiempo. Podrá estar escrito en saltos temporales, pero el tiempo pasa. Puede haber adverbios temporales. Primero pasó una cosa, luego y como consecuencia, pasó otra, y así. No necesitan tener conclusiones o están sujeto a estructuras. El cuento tiene introducción, desarrollo, fin, y no necesita el tiempo. Puede faltar alguno de los elementos, pero porque no es imprescindible para completar su sentido. Y el sentido debe estar incluido en el propio cuento, es una unidad de sentido en sí. Un microcuento, completa su sentido en un sistema de significados externos. Por ejemplo, el microcuento más famoso, el de Monterroso: "Desperté y el dinosaurio aún estaba allí", refiere a un conocimiento externo sobre que personas y dinosaurios nunca coincidieron. Por qué es tan bueno el texto: por el significado múltiple. Primero, que

131

para lo extraordinario, algunos textos usan el recurso al revés: el sueño explica lo extraordinario, al despertar ocurre la realidad. En el texto de Monterroso lo raro ocurre al despertar. Otra interpretación: hubo un pliegue en el tiempo y apareció en la época de los dinosaurios. Otra: el adverbio "aún", podría interpretarse que estaba soñando con el dinosaurio, pero no era un sueño. Otra, está en primera persona, a nadie más le consta que haya un dinosaurio: el personaje delira. Y aquí va una característica que el micro cuento, comparte con el cuento, no así el relato: cada palabra contribuye a un sentido, todas, en todos los análisis de la sintaxis, cada elemento debe tener su función. Imaginen la diferencia, si tan solo se cambia el sujeto, en ese microcuento: "ella despertó y el dinosaurio aún estaba allí", se dispersa el sentido en otra dirección. Tomar como elemento diferenciador la cantidad de palabras es precario; cuento y microrrelato coinciden en que son cortos, pero inespecífica cantidad de palabras; como en ambos, cada palabra contribuye a su sentido, ni con esfuerzo se logra un texto "largo" -lo que sea que signifique largo para cada uno- . El relato no se ajusta a características de cantidad de palabras.

4 julio 2022

Muro Antalia Isim. Muro Oitos Rossi.

Palpitan, vibran
circunvalan el laberinto húmedo
cinta de Moebius
animal radial, pupa, mariposa, tormenta
traga la transparencia del tiempo
frase que claudica antes de ser
amor, amado, frenocomio
funge corazón
plétora acuosa, sangre, lágrima.

3 julio 2022

Muro Antalia Isim. Muro Oitos Rossi.

Apenas si existe la voz, en abstracto, la condena ya viene inscripta en el hacer; el café, el olor, el placer del paladar, la disolución de las horas, abrir la decepción con la llave de la madrugada, ofrecer al mundo el tema en blanco.

***

Y sin quererlo siquiera, llega, el microcosmos del orden, sensual, precipitado a la existencia, intenso y perverso, con todo su misterio y aleteo y espíritu; penetra una dimensión secreta, el poema, la llave.

***

Demasiado, eco, morfema, ¿hay algo?, el amor consume las mutaciones, el fuego felino, sutil, obstinado, nervaduras de historias heredadas, un escalofrío anuncia la inminencia del verso y la voz, o el reverso, la voz del verso, ¿hay algo?, el sonido de las palabras se esconde en la memoria, transmutación frágil, almas desasidas, ¿hay algo?, nada interrumpe la labor de vaciarse, hay eco, demasiado, sin valor.

1 julio 2022

Muro Antalia isim. Muro Oitos Rossi.

Esa sutileza de gestos e intenciones, que viene de alguna de las páginas anteriores, se han estado volviendo silencios residuales, fermentación química, vestigios de historias mínimas, disolución lenta de instantes que caen en la grieta que no toca la memoria o se alcanza a percibir, porque no se puede poner en palabras, infatuaciones del efecto liberador de la pasión.

***

La pasión, entre gajos de la luna que se replica sobre la almohada, una historia antes de caer, la ley de la disolución que impone el amanecer, sombras que vacilan, fantasmas de olores y lujurias, y los recurrentes y oportunos sonidos de la realidad que cede al ensueño.

***

Escribo sobre el canto de las palabras, el filo, vistas desde otro ángulo, el detalle, las crestas; conforme a una estética matemática en la que entre dos palabras, hay otra, intermediadas por el espacio, y otra, y otra, un punto de acumulación de sentidos; Deleuze dijo los pliegues; tejido, del latín *textus*, texto de correspondencias temporales; la grieta en el entresijo de la frase, una herida que no cierra; el nexo entre las palabras y el reloj, los instrumentos, la vida, la red de remisiones, quizás para los únicos ojos que se reconocen en estas referencias anacrónicas, mi yo, y conjunción, o equivalencia, antes de comenzar con escribo sobre…

***

Señal, majestad turbulenta, rizo, roe, tarja el viento, filo melancólico del borde del mundo, reverbera el estío; mar, borrasca aventurera del reverso del cielo y su misterio.

30 junio 2022

Muro Antalia Isim.

La ciencia, la literatura y el arte, son motivadores entre sí; en mi último poemario, "Teorema de la lengua", me permití la construcción concurrente de intereses que incluyeron filosofía, biología, matemáticas, física, política. Desde el 410, con la Filosofía; teniendo en cuenta como bisagra en la visión del mundo que se produce con Galileo (1564–1642), hombre del Renacimiento que produjo la expansión del pensamiento y adhirió la palabra "moderna" a la filosofía, la astronomía, la matemáticas, tendiendo un puente entre disciplinas y cuestionando la religión, anteponiendo la ciencia a la fe.

Me gusta creer que escribí bajo la influencia de imágenes del pensamiento científico, en tensión con la palabra poética, lo estructurado de las ciencias, en relación a lo sugestivo del lenguaje poético; uno con una lógica universal, el otro intimista, apelan a universos diferentes de objetivos entre lo comunicacional, lo literario, lo artístico, una provocación sobre un eje: lo virtual; en el sentido indicado por Deleuze en "Diferencia y repetición", donde lo virtual no es antónimo de real, ni contrario a lo actual, "lo virtual posee una realidad plena…"; lo virtual, como las resonancias de Proust, "Reales sin ser actuales, ideales sin ser abstractos", y simbólicos sin ser precisos. Los poemas, como dispositivos en competencia de procesos inmanentes de pertenencia al género poético y científico a la vez.

Los poemas no son metáfora de la ciencia, son la ciencia misma.

Teorema de la lengua se consigue en Amazon. CLIC AQUÍ.

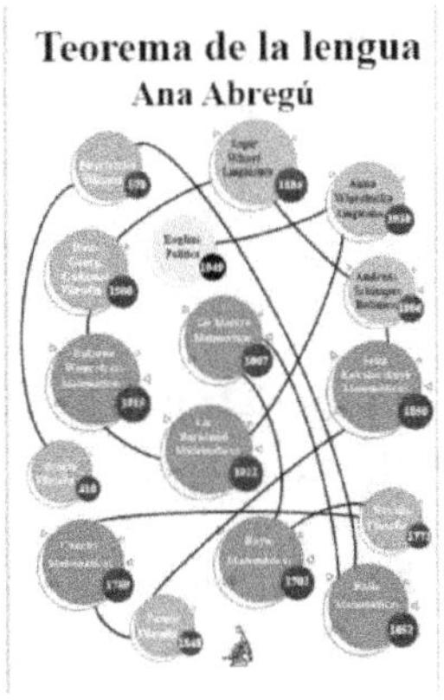

29 junio 2023

Muro Antalia Isim. Muro Oitos Rossi.

Provocación sin alma, espíritu o voluntad, la verdad se aliena con inconsistencias, insensatez exenta de misericordia; gravedad, grito, desgarro; mezquina penitencia; falso dogma de libertad.

28 junio 2022

Muro Antalia Isim. Muro Oitos Rossi.

No estoy aquí, soy un gesto menor, palabras que no tienen voz, casi susurro entre convicciones y dudas; la mitad menor que las partes de la irresuelta ecuación del amor y la risa, señales inconcluyentes, apócrifas, desiguales entre sí, efecto escindido.

***

La llama inaugura el iris, una mirada sin parpadeo, incisión circular que expande y reduce el calor, respiración azul, anamórfica que lame la costra gruesa, metal bruñido del fondo de la olla, la química se revela en la transformación de la sustancia.

27 junio 2022

Muros Antalia Isim. Muro Oitos Rossi. Grupo Me interesa lo que escribes (Antalia Isim, administradora)

Una hoja se desliza en silencio, flota, vacía, estaciona con temblor sobre el papel; homófonas, conforman una constelación de la misma materia vestigial; productos de igual fuente, sangres residuales del invierno, se inmolan coincidiendo en el instante, desnudas.

***

Sobre la mesa, como en espera; laberinto sinuoso, promesa sólida, curvas permanentes hacia sí misma; fractal luminoso donde, ocasionalmente, tintinean líquidos y, vacía, devuelve el rostro abovedado, convexo; la cuchara es, eventualmente, no la superficie que refleja, o el instrumento, sino el espiral de estas palabras, como en espera, sobre la mesa…

26 junio 2022

Muro Antalia Isim. Muro Oitos Rossi.

Pupilas de plomo, muscular y nerviosa, arte en grafos, astillas incandescentes, en curso de algún punto de un centro ingrávido en el futuro… Tanta mirada, tanto fuego y no poder contra el silencio.

Muros Antalia Isim. Muro Oitos Rossi. Grupo Me interesa lo que escribes (Antalia Isim, administradora)

Variaciones del neón que se refleja en la superficie del agua, riela, apenas identificable con algo terrestre; toda idea resulta insuficiente para darle corporeidad; la imagen tiene la extraña belleza de un poema que no se puede replicar con la voz; pequeños estallidos de luz amenazan cambiar las proporciones del vaso que la contiene; gotas de luz que abren y cierran los párpados, un monstruo que se niega a la realidad y se vuelve inaprensible. El vaso, como un dispositivo inventado para atrapar la luz, naturaleza del tiempo alejándose; apenas proporciona palabras insuficientes para dar cuenta del momento que ya desaparece y deja un vacío que no puede llenarse con su apariencia de poema y queda como un triste cristal entumecido que encubre un secreto.

137

24 junio 2022

Grupo me interesa lo que escribes (Antalia Isim, administradora)

A veces, el día se pone estrecho de colores, parece que entra en contingencia; a esos días no hay que componerle entusiasmo a la filosofía del desarrollo porque se te *freudizan* las racionalizaciones, esas constantes derivaciones con que se encubren la obstinación.

Mejor pintar el día y que se caigan los pájaros, agotados de volar alrededor de la cabeza; y todos contentos y presurizados, como si viviéramos en una altitud, por encima de las nubes.

23 junio 2022

Muro Antalia Isim

Pensando sobre sinestesia, la figura retórica que implica el efecto de un sentido al órgano que no le corresponde, como oler la luz, pensé en otros tipos de transformaciones.

Cuando se funda la Bauhaus, en 1919, se hace fuerte la relación de las formas geométricas entre arte y arquitectura, pero, también se inicia esa visión, en el campo de la literatura: la geometría; aunque, la definitiva personalidad de este enfoque se considera a partir de 1952, con la poesía concreta de Brasil; forma, color, glifos, espacio, tamaño, convocaban a una experiencia integradora de los sentidos, imagen, letra, diseño; también involucrando el instrumento de ejecución: la mano, u otros. Se hace necesario "ver" la poesía, no en el sentido de leerla, sino de los componentes constitutivos, del dibujo de la letra, la forma como parte del sentido; como si la literatura escapara del control de la gramática o las normas de escritura, para formar parte de un sistema traductor de sentido más amplio.

Cada vez que nace un "ismo", aparece la controversia y el proceso de validez; la poesía concreta importuna a los puristas con el antecedente de escritores, con interesantes credenciales, como Stephane Mallarmé, o los caligramas de Apollinaire; el mundo acotado de la palabra se salía del control de su medio, el papel, la tinta, la frase, el párrafo. Actividad que sería resistida, por los protectores de modelos tradicionales.

Roland Barthes decía: "El régimen del sentido, es el de la libertad vigilada. Si la libertad es total o nula, el sentido no existe". Hay que crear, para producir sentido, despreocuparse de si tiene nombre o a qué modelo pertenece; pero, sin soporte el sentido no existe.

Esta libertad, no se apoya en creer que no leer es no contaminarse y que de ello saldrá un "ismo"; sino por el contrario, obligadamente se va hacia atrás en lecturas, en campos de validez, en los "ismos" que nos preceden.

Algunos escritores, como Severo Sarduy, por ejemplo, al retroceder, vuelve a tomar el gusto por el entusiasmo de la partida, sus últimos trabajos poéticos volvieron al soneto. Hay un poderoso futuro hacia atrás, como una "sinestesia" temporal, en el que el sentido del futuro, se encuentra en el pretérito.

(Imagen: Caligrama de Oliverio Girondo, "Espantapájaros").

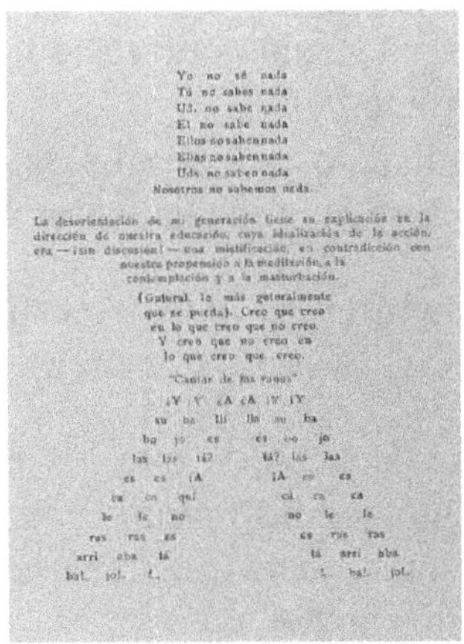

Muro Antalia Isim. Muro Oitos Rossi.

Lo estricto en la existencia, el programa del cuerpo detrás de las razones; el olor de la rosa, el elefante dentro del sombrero; los días venturosos, el estupor permanente; el cuerpo de la letra, la destrucción del orden del sentido, el círculo imperfecto del tiempo; el sabor presuntuoso, juguetón, de la miel; toda esa panoplia, acontecimientos que están en algún futuro.

***

El silencio, ausencia, casa de memoria e interrogación, lúcido, imperfecto; lo esencial en alguna dimensión del sueño que empieza a desaparecer, solo podrá leerse en escuetas esquelas en las que no falta la palabra precisa, pasión, excesos del alma.

***

Una corriente secreta fluye en el temblor de los cuerpos, traslúcidos, respiración abstracta, amor, todavía.

La herencia del deseo desteje el luto de la noche, ópalos y destellos, los violentos huesos de la luna.

Borda los próximos segundos en que se arma la distancia; sella los ojos; en la oscuridad canta la lujuria.

Cuerpos vivos, extenuados, deshaciendo contornos en los esplendores de la mañana,

y ahora son nada más que residuos esparcidos, olores que intercambiaron cuerpos.

Bruma de solsticio en los paisajes de la ciudad, apenas una superficie, sobre la pulpa del espacio, a la intemperie.

Grupo me interesa lo que escribes (Antalia Isim, administradora)

Es usual la sospecha de que los escritores escribimos porque no podemos conformarnos con vivir una sola vida. Pero, es interesante que los lectores te construyan muchas más, a través de los textos.

Juan José Saer, filmó un documental, caminando por la ciudad de Santa fé, mientras en off, se intentaba relacionar los lugares donde estaba, con la Santa María literaria, por donde caminaban Ángel Leto y el Matemático, los personajes de *Glosa*, hablando de una fiesta a la que no asistieron.

Pareció el personaje de *La vida Breve,* Brauer, de Onetti, que debía entregar un guión, y lo iba pensando en simultáneo, mientras encontraba con distintos personajes–la mítica ciudad creada por Onetti, también se llamaba Santa María–; como escenificaban Saer y la voz en *off.* Al final del vídeo, Saer dice unas pocas palabras, con las que cancela la expectativa: «mis lectores estarán decepcionados, mi vida es aburrida y nada fuera de lo común».

Extraordinario que la verdadera vida, estaba ocurriendo dentro de la cabeza de Saer, como Díaz Grey, dentro de la cabeza de Brausen, y ambos siendo pensados y escritos por Onetti.

La vida que los lectores te imaginan, es completamente falsa. Por ello, cuando me preguntan con cual escritor me gustaría encontrarme y conversar –por supuesto, se refieren a los que ya no están–, mi respuesta es rotunda: con ninguno.

Cómo ninguno, me dijo alguien ¿y Macedonio Fernández? –todos mis libros incluyen un mismo epígrafe de Macedonio.

Así es, ninguno, confirmé. Todo lo necesario, de un escritor, está es sus textos.

***

Sobre que la memoria inventa, me gusta el ejemplo de *La revolución es un sueño eterno*, de Andrés Rivera, sobre la vida de Castelli, a quien le decían el orador de la revolución, irónicamente murió de cáncer de garganta. Es uno de esos casos en que juega la biografía del autor, ya que Andrés Rivera, era historiador. Desde entonces, en cada entrevista, Rivera se encargaba de decir que era todo inventado, no hay ni una sola biografía o diario, que haga referencia a nada sobre la vida de Castelli.

Hoy, en las escuelas, el programa de Historia, incluye el libro de Rivera, como la historia de Castelli.

Esto me permite afirmar que es la escritura lo que crea la realidad.

Otro caso interesante –creo que toda la historia que leemos son "casos"–: *Recuerdos inventados*, de Enrique Vila Matas. Contó una travesura infantil, con el autor de *Sostiene Pereira*, Antonio Tabucchi, que era mentira, un recuerdo inventado. Coincidiendo con Tabucchi, en un congreso, se entera que el italiano había dicho a amigos comunes, que quería hablar con él. Asumió que le echaría en cara el invento, y anduvo eludiéndolo; pero, inevitablemente, el encuentro se produjo. Vila Matas, se llevó la sorpresa que Tabucchi estaba encantado con la "historia" y quería ponerse de acuerdo en seguir aportando a los recuerdos inventados y, a raíz de ello, se hicieron amigos.

Luego, uno de los "casos", de mi pecunio, sostengo, que el extraordinario escritor Antonio Di Benedetto, argentino, autor de *Zama, El silenciero, Los suicidas*–entre otros–, bien pudo ser un invento y no haber existido. No hay alguna evidencia de que hubiera sido real: no hay fotos, no "aparecía" en las entregas de los muchos premios, no se lo filmó en conferencias –no era como ahora que se filma todo.

Nada hay, más que los que dicen haberlo conocido, que dé alguna certeza de que hubiera existido.

Bien podría ser Antonio Di Benedetto, un recuerdo inventado.

Podrían seguir los ejemplos.

22 junio 2022

Grupo me interesa lo que escribes (Antalia Isim, administradora)

En 1931, las revistas literarias, prácticamente, eran las que definían los "ismos"; en ese año, la dueña de la revista *Poetry*, de Harryet Monroe –empujada por Ezra Pound– pone por escrito –lo que significaba un lanzamiento formal– de la palabra objetivismo.

Las características de esta poética, era retratar la realidad, el detalle, el tratamiento de las palabras, y una condición –que, en lo personal, pienso que presenta diversas interpretaciones–: la sinceridad.

El aspecto de la "sinceridad", se toma desde algunos ángulos, y ninguno es verdadero ni falso. Puede verse en la actualidad cómo proliferan las escrituras "desde el corazón", y se les otorga el adjetivo sinceridad, equiparándolo al éxito –sin llegar a definir éxito, que en la era de la Internet, parece que significara *likes*–;

En algunos casos un "ismo", se identifica mejor con lo que no emplea como recurso; por ejemplo: no emplea la metáfora, o su versión más ajustada, la metonimia.

Escribí sobre el poema de *ANOCHE SALI A PATEAR BIEN LEJOS*, de Eduardo Ainbinder, poeta argentino; y se tomó el párrafo de la ardilla dando una vuelta en la rueda, como metonimia o metáfora de la vida del poeta. Lo declaré objetivista, pero también reflexioné sobre la metonímica ardilla, sobre todo porque el poeta dijo: "toda simbólica", que hace referencia a Charles Baudelaire, el padre del simbolismo.

Ya comenté que no creo en las autobiografías, creo que todo en los textos de escritores es artificio. Por lo tanto, la interpretación es una instancia del lector, y no de la verdad. Pero, también buscaba definir dentro de qué "ismo", podría significarse, lo que deja una interesante cuestión: la ambigüedad en ubicar el texto, dentro de un modelo específico, según el aparato de lectura.

Es un poco como el cuento de *Casa Tomada*, de Cortazar, que algunos dicen que es metafísico, otros fantástico, político, psicológico o género maravilloso, según el modelo al cual se interprete.

Pienso lo mismo del poema de Ainbinder: con el mero hecho de decidir, si la ardilla es real –objetivismo– o no lo es –metonímico–, el instrumento lector vacila.

El poema es como el gato de Schrödinger, está vivo y muerto a la vez, el alguno de los "ismos".

Esta es mi manera de decir que extraño esas revistas, respetadas, difundidas, en las que se inventaban los "ismos", y movilizaba la ebullición intelectual para oponerse o apoyarlo.

Un poco lo que intentan los grupos literarios, pero, aún la era de la Internet no nos ha dedicado un "ismo" a los escritores de este milenio.

***

Justo en este momento, somos 33, como todo, será efímero, pero, aprovecho para lanzar una inquietud: tanto Jesús, como Alejandro Magno, murieron a los 33 años; ambos conquistadores, con diferentes métodos. De uno, se creó una religión; sin embargo, el segundo, bien pudo producirlo. Por qué no ocurrió...si hasta el gauchito Gil, o San La muerte, tienen millones de acólitos y Alejandro ni uno.

Mi presunción es que la diferencia es la mística. Del mismo modo que la literatura: se hace de mística.

> Los escritores Cesar Franco y Carlos Luis (argentinos), escribieron una novela –extraordinaria– *Las vidas posibles de Angélica Inés*, sobre la visita que recibieron, de un personaje de Juan Carlos Onetti (uruguayo), Angélica, de las novelas Juntacadáveres, El astillero, por haber sido "maltratada" en la novela de Onetti, exigía que escribieran otra,

para neutralizar la de Onetti, mejorándola como personaje.

✳✳✳

- Sobre la muerte de escritores.

Néstor Sánchez, el escritor argentino, lo expresó así: se me acabaron las utopías. Y no volvió a escribir.

Muro Antalia Isim, Muro Oitos Rossi.

Con solo negar la futilidad, algo se vuelve armónico en la imperfección; algo se hace obstinado, la ausencia un signo irrefutable de una vida en otro tiempo, entre la necesidad y la importancia, la libertad se hace de sueños.

✳✳✳

Van extraviándose los sonidos; estoy detrás del tiempo, sucumben las horas en la tarde del solsticio, el día más largo para acomodarse a frases dulces, acurrucarse en el estrépito de las luces, arte puntillista, la ciudad estallada.

Muro Ana Abregú

Escuché un concepto curioso sobre Leonardo Da Vinci, definido como un genio que sabía conjugar arte y ciencia, y que en la actualidad, los *community manager* serían considerados los Da Vinci 2.0; porque conjugan conocimiento tecnológico —yo pondría cuestionamientos sobre la diferencia entre ciencias y tecnología—, y arte —también estoy en condiciones de cuestionar qué parte de arte implica esa actividad.

Más bien creo que las personas que emiten semejantes juicios no tienen mucha idea de qué hacen los *community manager*.

Luego, Heriberto Yépez, poeta, ensayista mexicano, describe las características que deben tener los niños como señal de que han sido elegidos para convertirse en

145

chamanes, las más obvias: son frágiles, testarudos, endemoniados, problemáticos, caprichosos. Diría que la descripción se ajusta a cualquier niño nativo tecnológico en la era de la Internet.

Bajo las mismas deducciones, postulo que se puede decir que los *community manager* son los chamanes, chamanes 2.0, ya tienen la función de exposición absoluta al mundo, así como periodos de absoluto retiro, cuyos objetivos es desentrañar el misterio de la penetración en la psique del comprador.

Da Vinci 2.0, es como algo antónimo a Chamán 2.0.

> Uno de los genios aún no superado. Me pregunto por qué gente que no entiende qué hace un *community manager*, decide compararlo con Da Vinci. Lo que revela, que ni años en pandemia acerca a los que no entienden las tecnología –me refiero a entenderlas, no usarlas– como para poder comparar personajes de época. Es absurda la comparación. Da Vinci era un creador, imaginación artística bien abonada con conocimiento, profundo y serio, de las ciencias. La tarea del *community manager* es apenas un "empleado" del mayor negocio creado por la tecnología: las redes sociales; y encima, dobles empleados, por una parte de empresas, por la otra de aplicaciones, doble camino equivocado; si se propusieran cotizar el ROI, el beneficio versus gestión, el saldo los asustaría, en un valor mucho más importante que el dinero: el tiempo. Comparar a Da Vinci con el *community manager* actual, es sencillamente la cosa más absurda y descabellada que oí en un documental.

21 junio 2022

Muro Antalia Isim. Muro Oitos Rossi.

Sabor disimulado de la extinción, el fuego penitente, débil, lloroso, con temerosa benevolencia, memoria secreta, pasión en la palabra que busca la bitácora del alma, como una reverencia, obtura el ojo que todo lo ve, en un mundo que no es a imagen y semejanza.

***

La pérdida, una verdad precedente, primer ademán con que nos impacta el mundo; disoluciones súbitas, la fatiga suelta, desajustada; vana permanencia en sí misma, la vida y su reflejo.

Muro Antalia Isim.

Las literaturas nacionales de Latinoamérica, bien pueden asimilarse a los procesos políticos, la naturaleza temática se diversifica en tiempos desiguales, según la presión de complejos sistemas sociológicos, ¿nos hemos independizado? –literariamente hablando–, desde el *Boom* Latinoamericano, ni una generación ha pasado, que las distinciones regionales parecen desvanecerse; algunos explican el fenómeno debido a la interferencia de la globalización, de la mano de la tecnología; sin embargo, tengo más bien la idea que son las escalas y fricciones de la cercanía. No parece casualidad, que lo mejor de lo "nuestro", se escribió en el exterior. Pienso en la obra de Gabriel García Márquez (colombiano), *100 años de soledad*, escrita en México, entre 1965 y 1966, y publicada por primera vez en Buenos Aires, Argentina, 1967. *Rayuela*, de Julio Cortázar (argentino), se escribió en París, y se publica en Argentina en 1963; distingo especialmente *El obsceno pájaro de la noche*, de José Donoso (chileno), se escribió en Barcelona, publicada en 1970, novela que el crítico literario Harold Bloom consideraba como una de las obras esenciales del canon de la literatura occidental del siglo XX –y mi preferida entre las del Boom–; *La muerte de Artemio cruz*, del nacionalizado mexicano Carlos Fuentes (nació en Panamá), se escribió en París se publica en 1962; *Conversación en la catedral*, Vargas Llosa (peruano), se escribió en Barcelona, se publica en 1959.

Incluso fuera de Latinoamérica, al respecto, el *Ulises*, novela icónica de James Joyce (irlandés); no se escribió en Dublín. La distancia, parece significar un gran angular del tiempo invertido. Como si los detalles se amplificaran, contradictoriamente, a mayor distancia.

La pluralidad de regiones e idiosincrasias no disminuye la unidad cultural e histórica.

Reflexiono sobre el destiempo de mi época, la era de la Internet, el que creo imparable advenimiento del lenguaje inclusivo y las modulaciones confusas de temas y rebeldías idiomáticas, entre las que se excusa la ignorancia sobre aspectos elementales como estilo autoral, gramática, con la experimentación literaria, que prolifera en las redes sociales, la dificultad para sostener el lenguaje es como empujar la bola de Sísifo.

Grupo Me interesa lo que escribes.

(Antalia Isim, administradora)

La sombra

De algún modo soy tu cuerpo,
Me designo en él, me quema
En la mentira útil como un remo,
En la desgracia y la amorosa lucha
Abriendo los huecos de su máscara.
Pero no me lo permitas,
No me dejes ser sólo tu cuerpo.
De algún modo soy tu cuerpo,
Cuando la rica, inexplicable sangre,

Transcurre en medio de representaciones.
Y lo seré hasta que cenizas
Acaricien tu prestada, última parcela.
Pero no me lo permitas,
No me dejes ser sólo tu cuerpo.
De algún modo soy tu cuerpo,
La opresión que difunde me sostiene,
Y no en otro descienden las palabras,
Urde la disculpa el vejado sermón
Por nuestras pasadas facciones.
Pero no me lo permitas,
No me dejes ser sólo tu cuerpo.
De algún modo soy tu cuerpo
Y si en atención a su dañina mengua
Me cuido bien de mirarlo como esencia,
¿Con qué prodigio, incisivo milagro,
Percibiré tu pasión cuando lo excluya?
Pero no me lo permitas,
No me dejes ser sólo tu cuerpo.

Alberto Girri, poeta argentino.

En este poema, lo que produce la sensación intimista y amorosa es la producción de vocablos con la letra eme.

***

Me recordó, con ese recurso, a la novela de Andrés Rivera, La revolución es un sueño eterno que exhibe el mismo recurso, donde Castelli, se refiere a la amante en términos despectivos, pero se nota la realidad por la distribución de vocablos con eme y luego la ere, letra fuerte, para dar cuenta de que el poder real, lo tenía ella y él era un esclavo. Es decir: sin importar el significado, el recurso fónico, construye el sentido.

***

Hay un ruego, que se repite: de algún modo soy tu cuerpo. De qué modo... me preguntaba si no sería un exhorto de alguien que agoniza.

***

Qué modo de decir "hasta el final de mi vida: y lo seré hasta que cenizas acaricien tu prestada, última parcela". He leído tanto de ese concepto, de las formas más pueriles y tan bellamente escrito aquí.

***

Alguien sugiere que en "criollo", "parcela prestada, quiere decir: quién te crees que sos.

Qué es "el criollo". Parcela prestada, interpreto, es el espacio que se compra en el cementerio. Así como cenizas. Conozco gente que presta parcelas en sus tumbas para alojar cenizas. La palabra parcela, me remite a eso. Pero qué interesante eso de el criollo. Justo estuve comentando esos lenguajes como la gauchesca o el rantifuso, que se encuentran diccionarios. ¿Hay diccionarios del criollo?

***

Y... elegí este poema, especialmente por una cuestión que comparte con el anterior. ¿Perciben cuál?

***

Lo que coincide, con el otro poema, es: nuevamente, no hay definición de género....estás presuponiendo, ella, él... están presuponiendo algo que no está en el poema, nuevamente no hay ningún indicio de género.

***

Sí, se puede, justamente, presuponer, porque no hay evidencia de género...y no la hay, creo yo, porque la voz narrativa, no es un hombre o una mujer, es lo que dice el título: la sombra. El poema es el recurso de personificación.

***

Me resulta interesante el sentido que flota: la sobra como doble, casi el cuerpo y el estribillo acentúa eso, la sobra, la repetición, como el estribillo.

***

Me recuerda a la canción "Se me está haciendo la noche/en la mitad de la tarde/no quiero volverme sombra/quiero ser luz y quedarme"; *Quiero ser luz*, Daniel Reguera. Estaba muriendo y compuso esa bella canción, que cantaba, magistralmente, Mercedes Sosa. Este poema de Girri, me parece eso, un exhorto melancólico, como si se estuviera por morir y escribe como si fuera la sombra, que se extinguirá con él. Esto es lo que tiene de maravilloso la poesía, se multiplica en ecos, dentro de cada uno.

***

Sinfonía en gris mayor

El mar como un vasto cristal azogado
Refleja la lámina de un cielo de zinc
Lejanas bandadas de pájaros manchan
El fondo bruñido de pálido gris

El sol, como un vidrio redondo y opaco
Con paso de enfermo, camina al cenit
El viento marino descansa en la sombra
Teniendo de almohada su negro clarín

Las ondas que mueven su vientre de plomo
Debajo del muelle parecen gemir

151

Sentado en un cable, fumando su pipa
Está un marinero pensando en las playas
De un vago, lejano, brumoso país.

Es viejo este lobo. Tostaron su cara
Los rayos de fuego del sol del Brasil
Los recios tifones del mar de la China
Le han visto bebiendo su frasco de gin

La espuma impregnada de yodo y salitre
Ha tiempo conoce su roja nariz
Sus crespos cabellos, sus biceps de atleta
Su gorra de lona, su blusa de dril

En medio del humo que forma el tabaco
Ve el viejo el lejano, brumoso país
Adonde una tarde caliente y dorada
Tendidas las velas, partió el bergantín

La siesta del trópico. El lobo se duerme
Ya todo lo envuelve la gama del gris
Parece que un suave y enorme esfumino
Del cuervo horizonte borrara el confín

La siesta del trópico. La vieja cigarra
Ensaya su ronca guitarra senil
Y el grillo preludia un solo monótono
En la única cuerda que está en su violín

Rubén Darío

Poema en ocho cuartetos. Hay un espacio, entre ellos, con excepción del tercero que son cinco versos. Me da la oportunidad de señalar, que los espacios son importantes y parte del poema, suprimirlos es alterar su sentido. La unidad de sentido ofrece la experiencia de lectura del epigrama, que es una unidad de sentido en sí. No debe faltar el espacio.

***

Luego, hay una clara melancolía, baste circular por las palabras: zinc, pálido, gris, opaco, sombra, negro, plomo, brumoso; no llega a ser triste, porque hay un balance con palabras como sol, fuego, rojo.

***

Otro aspecto interesante, es que hace referencia a la percepción con los cinco sentidos. Por lo mismo, leerlo involucra también los cinco sentidos del lector.

20 junio 2022

Muro Antalia Isim

Desde que Leopoldo Lugones señalara el *Martín Fierro* (1872), de José Hernández, como un lenguaje del Río de la Plata –que trata el lenguaje que representaba problemáticas locales–, el lenguaje no ha dejado de cambiar, sobre todo en países que se modelan con la inmigración.

La siguiente importante revolución ocurrió con el lunfardo –rantifuso, en el ambiente musical–, de los años 80; intenso en expresiones, en temática, dentro de un contexto afín para tomar fuerza como movimiento literario; nacido reo, ajeno a la lengua cultivada, y encendiendo las mismas resistencias, que el actual inclusivo.

El lunfardo era cuestionado por las clases que lo consideraban vulgar. Ya se perfilaba una corriente literaria que postulaba que no había palabras que no pudieran formar parte de un poema, y el lunfardo venía a promover una deformación del lenguaje, que se hablaba en ambientes de bajos fondos y casi de códigos delictivos; especialmente en el Río de la Plata, ciudad portuaria, donde la inmigración produjo incorporación de vocablos, sinónimos, giros de la sintaxis, neologismos.

Mientras, el *Martín Fierro*, ya tenía preparado el campo intelectual –subyugado a la capitulación frente a la gauchesca, y con el antecedente de payadores–, el lunfardo, avanzó con la fuerza de la expresividad que imponen los artistas que no se detienen en formalismos, y también con el apoyo de una nueva expresión musical, el tango.

Al habla popular no le importan las fuentes, argot, caló, lunfardo, avanza sobre sus propios criterios, retórica instintiva y práctica, que no deja de lado la fuerza emocional de las poéticas circulantes.

Me interesaron los recursos en la construcción de *Don Quijote de la Mancha*, así como del *Martín Fierro*, y también el lunfardo; para alguien de esta época; el gaucho, el lunfardo o rantifuso ajenos a la actual realidad, resultan curiosos, divertidos, un desafío. De manera que me propuse escribir, para experimentar la fónica, el sentido, la función comunicacional atravesando el género.

Poema rantifuso

 Que no te desbole los dátiles
la descangayada parla trenzada del Interné…
volvé a armarte
lo importante es calotear clics
te vas a quedar chacabuco en la catrera
por un afrechudo medio alpistero…
mal amachimbrado, analfa y apapado.
sacate del balero ese balurdo
ponete los camanbuses de escritor
pelá un canal en la hoja
vaciá la computadora
y metele una comisión a la dignidá
aguantá el corso
y que el esquinazo lo emprenda otro
Siamo tutti rantifusos o no siamos nada…

Ana Abregú.

Necesité un diccionario de lunfardo, es un lenguaje con el que no tengo contacto. E incluí un glosario, bajo la presunción que habría algunos lectores, *millennials*, que tendrán las mismas dificultades.
Fuente, diccionario del lunfardo:
http://www.elportaldeltango.com/dicciona.htm

Por orden de aparición: Viaraza: Enojo, resentimiento.
Tumbado: Deprimido.
Minga: Nada, no.
Desbolar: Alborotar, desordenar
Dátiles: Dedos de las manos o pies.
Descangayado: Achacoso, deteriorado.
Trenzada: Disputa.
Armarse: Progresar, enriquecer.
Calotear: Robar.
Chacabuco: Enfermoso.
Catrera: Cama
Afrechudo: Rijoso.
Alpistero: Ebrio.
Amachimbrado: Amancebado, vivir con alguien informalmente.
Analfa: Ignorante.
Apaparse: Desorientarse balero:
Cabeza Balurdo: embrollo
Camambuses: Zapatos.
Canal: Cicatriz de arma blanca en el rostro.
Computadora: Cabeza.
Comisión: Soborno
Corso: Locura.
Esquinazo: Abandono.

No sería extraño que el inclusivo, que ya se usa en crónicas, en notas, en discusiones, que producen acaloradas reacciones anímicas, sea un espejo de la misma presión y acelerado cambios en la transformación de la sociedad. El uso del inclusivo ya supera la situación hebdomadaria, se multiplica, es ya un vehículo de un mensaje fuerte y pujante. Y, no sería extraño que los artífices del cambio, fueran los artistas, poetas, músicos, escritores comunicadores.

17 junio 2022-06-20

Muro Antalia Isim

Los escritores que se insertan en un campo intelectual preexistente en una literatura nacional consolidada, como es el caso de Gustave Flaubert, es diferente a la necesidad de la literatura en Latinoamérica, donde la influencia europeista contaba con la adhesión de los representantes del campo literario, que tenían a escritores que se reflejaban en esos espejos, como Domingo Faustino Sarmiento o Esteban Echeverría, entre otros; con marcada tendencia al romanticismo francés, inglés, y hasta español; al respecto, uno de los primeros intelectuales, que intenta llevar la literatura a una historia propia, Leopoldo Lugones, expuso la necesidad de una literatura, no solo con historia propia, sino también lenguaje, un camino que conducirá al Martín Fierro, de José Hernández, texto escrito en el nuevo mundo, que se apropia de la lengua, con modismos locales –ajenos al decir cultural de la clase media alta, con acceso a libros, a la cultura–, y construye un decir, un recurso de la fónica, escrito en versos, que representa problemáticas locales. Aunque es una epopeya de la literatura, lo es también del lenguaje; el Martín Fierro, como El Quijote, están escritos con palabras desconocidas en la actualidad y hasta en registros que también resultan extraños.

No solo la realidad del campo intelectual evoluciona, sino que el lenguaje es parte de ello, sino el detonante, el cultor. El lenguaje no es un objetivo es el vehículo. Con esto quiero señalar que el advenimiento de la modificación del lenguaje, no solo no es nuevo, sino que ha enfrentado oposición, recelo, y hasta generado violencia. También ha significado disputas a nivel de clase social; la división de lenguaje culto y lenguaje popular es casi una norma en su evolución.

Presiento que pronto empezaremos a leer literatura con lenguaje inclusivo.

16 junio 2022

Muro Antalia Isim.

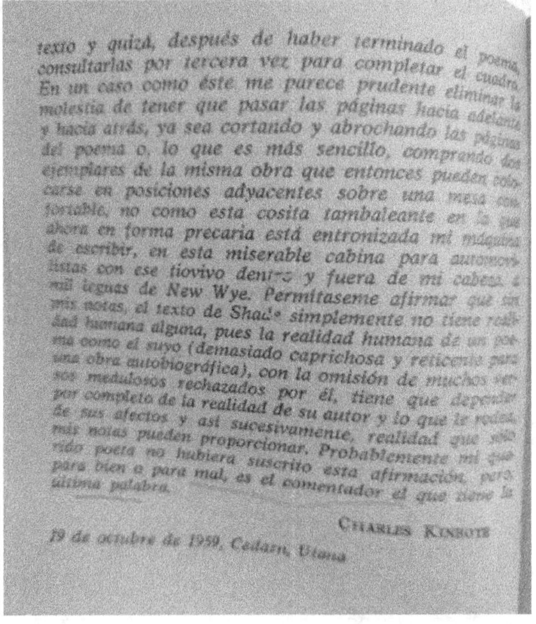

texto y quizá, después de haber terminado el poema, consultarlas por tercera vez para completar el cuadro. En un caso como éste me parece prudente eliminar la molestia de tener que pasar las páginas hacia adelante y hacia atrás, ya sea cortando y abrochando las páginas del poema o, lo que es más sencillo, comprando dos ejemplares de la misma obra que entonces pueden colocarse en posiciones adyacentes sobre una mesa confortable, no como esta cosita tambaleante en la que ahora en forma precaria está entronizada mi máquina de escribir, en esta miserable cabina para automovilistas con ese tiovivo dentro y fuera de mi cabeza a mil leguas de New Wye. Permítaseme afirmar que sin mis notas, el texto de Shade simplemente no tiene realidad humana alguna, pues la realidad humana de un poema como el suyo (demasiado caprichosa y reticente para una obra autobiográfica), con la omisión de muchos versos medulosos rechazados por él, tiene que depender por completo de la realidad de su autor y lo que le rodea, de sus afectos y así sucesivamente, realidad que sólo mis notas pueden proporcionar. Probablemente mi querido poeta no hubiera suscrito esta afirmación, pero, para bien o para mal, es el comentador el que tiene la última palabra.

CHARLES KINBOTE

19 de octubre de 1959, Cedarn, Utana

Esto he comentado en ocasiones. Por más que un texto sea extraordinario, sin quien lo puede apreciar y sea capaz de expresar los valores que lo hacen distintivo –no tienen valor de verdad o certeza, es lo que inspira al que lo comenta–, el texto corre el peligro de ser ignorado.

En la imagen, el final del Prólogo, esto mismo expresa el personaje crítico, o comentador, de la obra del poeta

Shade, protagonistas de Pálido fuego, de Vladimir Nabokov.

A propósito, aprovecho para indicar la función del Prólogo de un libro: información necesaria para darle significado a la historia que el lector va a enfrentar. No es ni un resumen de la historia, ni una explicación de lo ya leerá el lector en el libro, es una información previa, que se necesita para darle sentido a lo que sigue. Usualmente escrito por alguien que no es el autor.

No es difícil advertir el extraño final del Prólogo, en donde el personaje se adorna a sí mismo por la suspicacia de comprender, según él afirma, al poeta.

Una vez avanzar la lectura, este peculiar Prólogo, se irá resignificando.

Pero, deja una realidad explícita: los comentarios sobre libros, son los que provocan el estímulo de leerlos.

***

Algunos libros requieren excavar de la manera obsesiva, ejemplo de metaficcion e hipertextualidad, *Pálido fuego* de Vladimir Nabokov (1962) es un abismo. Lo he leído en diverso orden, y lo encuentro como una construcción similar, aunque superior a Rayuela, que dicho sea de paso, se publicó un año después. Un texto hipnótico.

Muro Ana Abregú.

Compré un libro usado, hojas ya tomando el color del tiempo (publicado en 2010); pero, cuidadosamente acompañado de un papel con la fe de erratas. Es sorprendente el cuidado de los diferentes lectores han tenido para conservar el papel. Lo que hice fue corregir en el propio libro los errores indicados. En el proceso de leerlo, se convirtió en señalador y me hizo pensar que ese era el secreto, los otros lectores, quizás, habían hecho lo mismo.

Sin embargo, no puedo dejar de señalar el cuidado de la editorial en tomarse el trabajo de acompañar el libro con la corrección y otro notable detalle: mientras el papel del libro está mutando a sepia, el de fe de erratas está en un blanco prístino, como si libro y papel pertenecieran a épocas distintas.

Me preguntaba si es un cuidado habitual en la actualidad.

Es un detalle amoroso para con la obra.

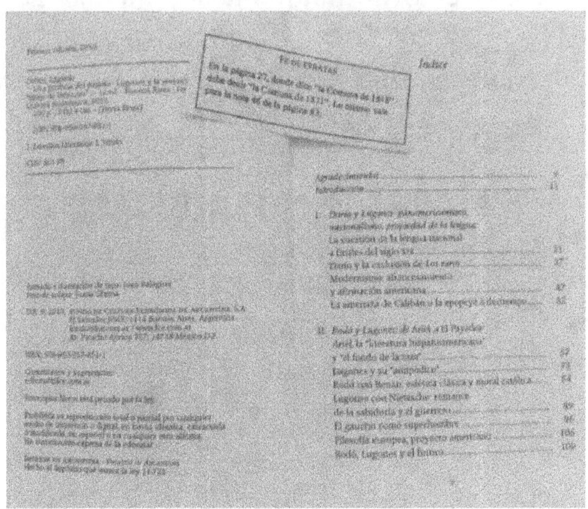

***

Durante la 46 Feria Internacional del libro 2022, me crucé con gente que me preguntó dónde comprar mi libro y mi respuesta contundente fue: no me compres a mí, comprá a Liliana Clary Heer, acabo de leer la entrevista que respondió para Eterna cadencia, la primera pregunta: Cuál es el objeto más antiguo que conservas–, me hizo pensar en lo mismo, y como conservo objetos de mis padres y abuela, me introdujo en cavilaciones sobre mi desconocimiento al respecto. Pero, en mi imaginario, es una máquina de calcular, de las primeras que se fabricaron en el mundo, tengo entendido, una maravilla mecánica llamada Curta. La razón, creo, por la que tengo presente ese objeto, en específico, es porque lo asocio a la historia:

Creada por el ingeniero austríaco Curt Herzstark, nacido en Viena en 1902, de origen judío. Trabajaba en la

159

fábrica de la familia dedicada a la construcción de equipamiento de precisión.

Cuando Austria fue anexada a Alemania, la fábrica debió fabricar instrumentos de medida para el ejército alemán. En 1943, Curt Herzstark fue enviado a un campo de concentración en Buchenwald; gracias a su experticia técnica, el proyecto de máquina de calcular generó interés en los nazis, para que la calculadora fuese entregada a Hitler como obsequio al final de la Guerra. Aunque en penosas condiciones, su genio le permitió sobrevivir –murió en 1988.

Mi madre se hizo del objeto, creo, en uno de sus viajes a Rumania o Moldavia.

(Ver la entrevista a Liliana Heer, aquí: https://www.eternacadencia.com.ar/.../nueve-preguntas-a...).

(Insisto en que lean a Liliana Heer).

15 junio 2022.

Muro Antalia Isim

La emoción estética que produce un poema es habilitado por mediación de una sensibilidad educada en procedimientos personales de lectura. Se pueden enseñar esos procedimientos, lo improbable es que desemboquen en el mismo resultado, y ese es, precisamente, el logro. La poesía es un modo orgánico del pensamiento, desestructurado de su forma lineal. La poesía no intenta informar, ni se lee poesía esperando informarse, es una necesidad sin propósito, por lo tanto, especular sobre por qué se lee poesía, o sobre el posible desvarío del que la escribe, tiene una respuesta decepcionantemente simple: porque sí, para nada; el goce estético no tiene función, simplemente ocurre, y es tan inevitable como respirar.

Grupo Me interesa lo que escribes (Antalia Isim, administradora)

Lo que invito es a hacer un ejercicio de "interpretación", nada mejor que para ello, un poema. Ya que es un género que por una parte es adorado y por la otra es despreciado. Sin descartar lo uno, o lo otro, por qué no analizar por qué lo uno y lo otro, y qué aspectos generan lo uno y lo otro, y luego de ello, ver si cambiamos de opinión y lo amamos u odiamos. En base a esto, propongo un poema -a ver quién se prende.

ANOCHE SALI A PATEAR BIEN LEJOS

el embrión de toda creación futura
□-pues estaba en vena- por lo demás
ya no salgo a buscar interlocutores.
No saldría de mi casa sino para mirar
del lado de afuera de la ventana
como por un telescopio hacia el interior;
la jaula desde donde una ardilla girando en su rueda
toda simbólica ella me suelta:
"el problema de la mayoría de los mortales
es que no conocen bien sus limitaciones,
si las conocieran no saldrían de sus casas"
Anoche salí a patear bien lejos
el embrión de toda creación futura
y ya que estaba en vena le abrí la jaula a la ardilla
que ipso facto huyó despavorida,

pues ella también lo estaba,
de paso dando lustre a la antigüalla
de que las palabras nunca son consecuencia de los actos,
y si no que atestigüe aquel demiurgo
que, al preguntársele en qué andaba, respondió:
"Acá estamos, beneficiando a unos, cagando a otros...".-
Eduardo Ainbinder, poeta argentino.

Empiezo; a ver si interesa. Lo primero que salta a la vista, son los verbos, la conjugación y los "pares": "salgo-saldría"; "suelta", "conocen-conociera", "saldrían", "salí", "abrí", "huyó"... resulta notable que hay como una dirección de pensamiento. Hasta antes de las últimas líneas hay un foco en los que parece representar una idea de escapar, incluso se menciona animal enjaulado –la ardilla en la rueda–, metonimia de una vida que parece monótona y sin sentido. El final, deja una especie de sentencia: lo que parece beneficiar, no es tal...

***

Hay tres cuestiones más, la frase: pues estaba en vena. Entre guiones: a quién le habla, al lector. Con ello, no solo los introduce como personaje, sino que además revela que está en el proceso de "embrión", refiriéndose a la obra misma... está en un momento de inspiración.

***

Las otras dos cuestiones: toda simbólica ella me suelta:
"el problema de la mayoría de los mortales
es que no conocen bien sus limitaciones,

si las conocieran no saldrían de sus casas". Se introducen dos recursos: se define simbólica, revela que trata sobre un proceso de símil a la vida, la propia quizás: una ardilla da vueltas en la rueda. Y la segunda en un recurso de personificación, la ardilla habla.

***

La pregunta es: dentro de qué modelo o corriente literaria les parece que se encuadra este poema...

***

Más allá de si gusta, o emociona, o se rechaza, o cualquier cosa que tenga que ver con gustos personales, es interesante comprender la estructura, identificar los elementos, analizar la composición, porque ello afina el criterio del gusto. En vez de al revés.

***

Es como alguien que está de vuelta de la vida, y que estuvo dando vueltas, encerrado en un mundo, decidió liberarse... Hay un adentro, y un afuera. El telescopio al revés, como si se hubiera estado mirando demasiado lejos y lo que ocurría era del otro lado. Al comprender que estaba dando vueltas en el mismo lugar, puede "salir" de ese lugar...le dan la posibilidad a la ardilla...es decir, a sí mismo, misma...Algo interesante: no hay definición de género. No se sabe si trata de un hombre o una mujer. La ardilla es una metonimia. Podría haberse dicho un ratón, o cuy, pero se elige un animal

163

que porta el artículo femenino. Ello podría indicar que el narrador, es narradora…

***

Interlocutor: Es un hombre, porque conocemos al autor, ¿no?

***

¿Por qué? Es un punto interesante, porque la poesía es "culpada" de ser biografía. Eso no es tal. La poesía, como toda literatura, se escribe con recursos. La elección de género, es eso: elección. En este texto, es una ambigüedad, que viene dada porque no hay adjetivos, o artículos.

***

Me refería a: ¿Pertenece al romanticismo? ¿Al modernismo? A qué... Qué elementos definen el texto

***

¿Qué lo hace un poema?

***

La desestructuración, los silencios lo hace un poema. Y los poemas, se toman como un "yo". Por eso se supone un masculino, pero, si establece una metonimia de su vida con una ardilla, ahí se planta la ambigüedad. Mismo declara que la idea, jaula, ardilla, rueda, es simbólica, o sea, metonimia.

***

Para ir descartando: ¿Es romanticismo?: no, no apela a sentimientos de sublimación o a una espiritualidad.

***

¿Es posmodernismo?: no, no involucra significantes externos para completar su sentido.

***

Postulo, que es objetivismo: cada elemento de la composición de usa como objeto del significante.

***

A propósito...el título...dice: "patiar" que puede significar propinar una patada o caminar...y luego, la palabra: noche...que embona con telescopio, que se usa de noche

***

Este poema "parece" decir una cosa algo simple o por lo menos de fácil interpretación...y no es tal...deja mucho de sugestión... Por eso me resulta interesante. Se usa una apariencia que parece simple... Pero hay indicios que lo aparente podría no serlo.

***

Luego los verbos...hay condicionales y pretéritos...no hay seguridad sobre lo que se especula y lo que ya ocurrió.

***

El título no indica en qué sentido se dice patiar.

***

Interesante en lo que señala Eduardo: las palabras nunca son consecuencia de los actos, y asume que es una idea antigüalla; a propósito, escribir antigüalla es antigüalla...

***

Luego... En el poema, solo se expresa lo que se hace con dos sentidos: ojos, tacto.

14 junio 2022

Muro Antalia Isim.

No creo que a la poesía se le pueda otorgar alguna organización empírica de producción; lo que se puede aventurar es que el sentido es tan prolífico como lectores sensibles interceptan la propuesta; algunos prefieren establecer o explicarse el trance poético en una especie de determinismo entre lo vivido y el texto poético; en consecuencia tienden a generar la repetición, física o realista, de las condiciones de producción; bajo este sistema causa-efecto compromete actos, comportamientos, y con ello, quizás limita la libertad bajo esas sujeciones.

Otros preferimos la palabra libre, el ritmo, el signo, jugar con el sentido, independizarse de la representación del estar o el sesgo comunicacional.

En ambas, el lector tendrá su propio aparejo de intervención.

Es infructuoso someter nuestra escritura a algo tan enigmático como la interpretación del lector; a la distancia, cada palabra será eco de algo personal del poeta, ya sea porque lo exterioriza como épica de su vida, como si no se revela el referente. El poema se volverá una entidad independiente, con fortaleza propia, creará su propio mundo como entidad, sin importar las circunstancias de producción.

Muro Antalia Isim, Muro Oitos Rossi

A esta hora, en este momento suplantado por la turbulencia de pensamientos inestables, una cosa de rabia e infinitos corrompe cualquier cosa que devuelve el espejo y que hay que transmutar en algo deslumbrantemente convincente y vivo.

13 junio 2022.

Muro Antalia Isim.

Hay una gestualidad, en algunas palabras, de peso significativo, cuando asumen fuerte sujeción a referencias históricas; la poesía se hace con una instancia natural del lenguaje, la voz, el rumor, la identidad normativa en control de soflamas que operan sobre espacios, aunque no reconocibles, sospechados; intervienen en la cartografía cultural que introduce el poema:

> …
> Mi poema anda por ahí afuera
> envuelto en telas elegantes
> vendieéndose
> vendiendo
>
> "carapau sardinha martona
> ji ferrera ji ferrereééé…"
>
> Mi poema corretea calles
> "olhia a probunchia" "diááário"
> y ningún periódico trae todavía
> mi poema
> …

Poema de la alienación, de Antonio Jacinto (1964-1991), poeta angolano. En el título infiere la lucha del poeta, que se extiende a la del escritor, la moliente espera. La representación de la voz, el sonido en la calle, la deriva mientras se espera, los sonidos se hacen presente en la réplica de las voces; el poeta transita por las calles de Lisboa, el poema representa la composición de los sonidos con el andar y angustia del poeta que convierte la espera en expresión poética, donde la fónica es la reproducción de dobles, el poeta en la expectación, el redoble de la venta ambulante, el repiqueteo, como el compás de un reloj asincrónico que marca la esperanza.

Este poema adhiere, en su simultaneidad, al conato narrativo, cuenta una historia subyacente que se desprende de su formato: una simultaneidad de suceso entre signo y significación. Pertenece a uno de los libros más difundidos del poeta, quien es conocido por el compromiso, de inclinación comunista; se advierte la voz del pueblo imbricado en el mensaje, que conecta con poéticas que incursionan en similares modalidades escriturarias: la deriva azarosa de las voces conviviendo con el estar poético.

Jacinto Antonio es el seudónimo de Orlando Tavora, poeta angoleño nacido en Luanda. De padres portugueses. El poema es un fragmento del libro *Poema de la alienación*, me gusta la inteligente traducción de Rodolfo Alonso que dejó en el original, lo importante, las voces de la calle.

Muro Antalia Isim. Muros Oitos Rossi.

El compromiso con la realidad coacciona a sobreexponer una sensibilidad apasionada por el amor; hablar del amor como objeto del deseo es diferente del amor en el vasto presente que dura desde siempre, latente y recursivo, eco de una existencia hecha de palabras para expresarlo, fantasía ineludible. Te amo, aunque breve, carga el peso de una eternidad sellada por signos de diversos relieves; te amo, se hará verdad o mentira según desaparezca algo, la distancia, el silencio, la extinción; el relato de esa épica es parte del exilio hacía sí, la caída, el presente; cada vez, abro un libro que parece saber, con una certeza que no alcanzo a identificar, que voy tras esa huella.

Muro Ana Abregú, Muro Antalia Isim.

Entre otros, en la reciente pasada 46 Feria Internacional del Libro, 2022, compré en el Stand de la Biblioteca Nacional, la publicación en facsímil de la revista El escarabajo de oro, mítica revista de la que oí en abundantes ocasiones. Me resultan interesantes algunas especulaciones críticas, y la evolución de ello en la era actual. En el número 3, Septiembre-Octubre de 1961, encontré una reseña de Rosa Axel, respecto a la obra de Marguerite Duras, título "Moderato Cantabile de Marguerite Duras" –siempre encuentro inadecuado el término reseña, ya que no trata nada sobre el libro– que resulta en una especulación sobre lo la obra, que describe los valores de la obra de Duras, y los coloca en un limbo existencial, respecto a su valor, basado en una premisa, que es, creo, una política de la revista y que al menos desde mi visión actual, es estrecha, cito: "la obra de arte, para ser tal, necesita de un tercer ingrediente, *sine qua non*: la grandeza de un tema". En la nota se admite que la obra de Duras, –los dos primeros ingredientes–, conllevan profundidad, originalidad; me obligué a reducirlas en dos, por un asunto de concordancia, pero se indican otras, como –en lo personal el más interesante– el punto de vista singular; restándole valor a la calidad de "tocar", la levedad, la poesía etérea, en la brevedad inquietante de los textos de Duras.

No voy a comentar los valores teóricos, sino un hecho revelador de la visión de la revista: lo que más escuché de ella, así como de su predecesora, *El Grillo de papel*, ambas impulsadas por Abelardo Castillo, es que el único compromiso del escritor, es con su literatura. Creo que Duras entra, con su obra completa, en esa declaración.

Por otra parte, la disminución del valor literario de los libros de Duras, textos que tocan en cada fibra y cuya obra se ha llevado al cine, por importantes directores que han sabido llegar al hueso de su obra, no se coloca en términos, precisamente de recursos literarios, que es, la función primera de la literatura: encontrar eso que se expresa como ningún otro, y Duras es activa en ese aspecto, sino en un valor externo, temporal, ajeno se diría, como lo es lo que llama, Rose Axel: "la grandeza de un tema".

La belleza lírica, la novedad escritural, lo sutil, el logro de procedimientos personales, no resultaron suficientes, como si la descripción de una vida, la relación con otra, las vivencias e impactos íntimos, no fueran, justamente, de un logro que producen un tsunami en "grandeza y tema". *El amante*, así como *El amante de la china del norte*, tienen el reflejo de un aspecto social que no ver en ello la grandeza del tema, es de corta vista.

La autora de la reseña pone en duda, bajo su particular arbitrariedad sobre lo que es la "grandeza de un tema", que Duras llegase a encontrarse entre los grandes de la literatura, sobre todo que su postura, contradice lo que los grandes escritores ya saben desde mucho antes –esto fue escrito en 1961–: los temas no hacen a la literatura, sino la forma escrita, los recursos.

No sé quién es Rosa Axel, para mí, algún seudónimo con que escribió algún otro de la redacción –esto es imaginería mía, no investigué quién es, pero Abelardo Castillo siembra esta duda en entrevistas que le hicieron, donde confesó que a veces ocurría–, pero no deja de llamarme la atención que el nombre presenta una extraordinaria coincidencia, en el 6 de febrero de 1962, nacería William Bruce Rose Jr., originalmente William Bruce Bailey, conocido por su nombre artístico Axl Rose, cantante, compositor y pianista estadounidense.

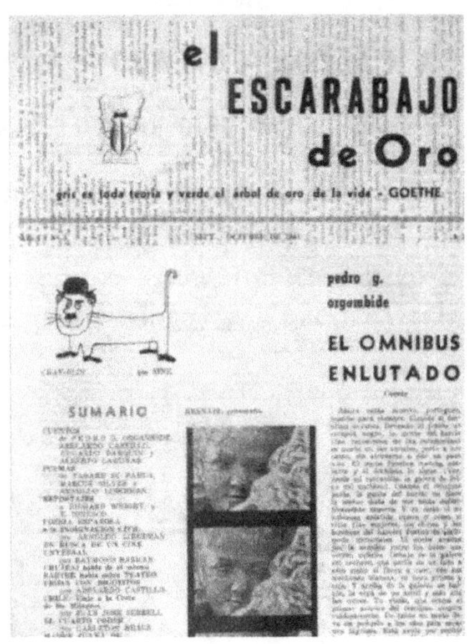

Muro Ana Abregú.

Un día, esto tendrá sentido, o no[3]:

Qué loco. Estoy escribiendo un texto[4] que hace referencia a algo que, casualmente publiqué el 13 de junio del 2019[5], no en el FB. Por lo tanto no es nada que me pudiera recordar el FB. Son los hilos invisibles.

11 Junio 2022.

Muro Antalia Isim. Muro Oitos Rossi.

Orbito alrededor de un fantasma: la literatura, objeto y arcano a la vez.

---

[3] Al momento de preparar este material, *Qué me mirás, ¿que no me conocés?*, no sabía si sería publicado.

[4] *Qué me mirás, ¿que no me conocés?* –sujeto a cambio. Escribía la versión "explicada" de *El Pallo Gelao*.

[5] *Adelaida Sharp en tu tiempo.*

10 Junio 2022.

Muro Antalia Isim. Muro Oitos Rossi.

Escribo contra lo que admiro, para conjurar la atracción de una relación con el referente gnoseológico, nociones de las que suelo desconfiar, me cuestiono el entresijo entre la palabra y la realidad y, cada vez, me eluden las coincidencias.

***

Para mí, las influencias es el, o los escritores que son capaces de cederme sus ojos a través de los cuales puedo mirar el mundo. Me gusta creer que Salvador Elizondo, desde una de las cuerdas de la Teoría del Todo, me presta sus ojos; me veo escribir que escribo para mí...

***

No me gustan las entrevistas, tengo cautela con las afirmaciones categóricas; de las entrevistas se espera algún anclaje a una elección de vida, algo consciente o, en todo caso, el conocimiento de una misma de modo que pueda significar algo importante para alguien, que no es una. Las entrevistas me resultan un género ficcional en el que se pone en juego conjeturas, imaginerías, premisas sobre la singularidad que a una la enciende, cuando una no es más que una sumatoria de dudas y contradicciones, apenas disimuladas.

Al menos puedo dejar eso definido: no crean en mis entrevistas, no soy yo, es la que escribe.

9 Junio 2022.

Muro Ana Abregú.

El libro es tan perfecto, tan acomodado a la mano, al tacto, tan adecuado en tamaños, pesos y variaciones que parece que nos hubieran fabricado las manos para los libros. Los libros ya existían en la imaginación de quién ideó las manos.

8 Junio 2022.

Muro Altalia Isim, Muro Oitos Rossi.

Hay un punto en la aventura, que hasta los órganos confabulan, se manifiestan con palpitaciones, impulsos, vibrantes de enigmas. La vida, entre palabras, se expande, abstracta, con manías y pereza hosca por no asumir un tiempo que se fragua en esperas, quizás fracasos; lo que sea que discurre mientras se arma esta frase.

*****

Apenas una mota, una nota infinitesimal, nada, en el estruendo indefinido de la ciudad que escarba con espíritu nihilista; mutaciones en sentimientos de disimulo, cicatrices, discordancias, el reverso del espacio; ahí, en algún lugar, la vacuidad desfavorece los deseos, los sueños; la distancia lo deforma todo, se dobla como un holograma, los destinos se desmadejan, indescifrables, como si fuéramos el centro mismo desde donde ocurre la expansión y todo se alejara.

7 junio 2022.

Muro Ana Abregú.

Qué interesante resulta que la tinta de lapiceras son las que deben usarse sobre documentos importantes, porque son sobre las que se pueden periciar, en caso de problemas, ya que las de biromer no. Esto me recordó a una vez que hice una auditoría de procedimientos informáticos en un hospital y me di con que se usaba una máquina de escribir Remington, para registro de defunciones, porque es lo único que impide fraguar esos registros, por la misma razón, la tinta y la particular impresión; lo que revela que en algún lugar hay alguien que aún fabrica esas cintas, y también explica que se sigan fabricando lapiceras. Lo que es una ironía, ya que casi no escribimos a mano.

Me fascina que esta gráfica –publicidad de una calculadora–, en el aparente desorden, tenga bien escritas las fórmulas, las rayas donde deben –entre medio del signo igual–, los números exponenciales, el uso de paréntesis, signos, notación de límites, expresión de matrices ...y aunque son cosas que se enseñan en secundaria, hablando con un universitario, no "recuerda" qué representan... Así como tampoco la importancia que esté correctamente expresado como dibujo...

Del mismo modo no "recuerdan" normas gramaticales del lenguaje escrito. Ambos son lenguajes estructurados. Hay algo en el relajamiento de la educación que no determina los niveles de importancia de estos asuntos...antes que interés, desestimulan...

Por otra parte, este tema de los extraterrestres, no es solo que si hubieran favorecido a la tierra con algún tipo de conocimiento –si fuera el caso, algo parecido a esta gráfica debimos haber desenterrado hace rato, en vez de pergaminos bíblicos–, sino que hay como un mensaje –que me resulta francamente ridículo– que vendrán a salvarnos... Así que para qué molestarnos con estudiar...

Nos vamos a extinguir...

***

La hembra ave, elije al macho que mejor "baila", no por un "rito nupcial"; lo que exhibe, para la hembra, es habilidad para maniobrar el cuerpo, el vuelo, la velocidad, que son atributos necesarios para atrapar la comida o defender el nido.

En el humano, la exhibición de cerebro, en consecución de poder y dinero, y habilidades físicas, cumplen función parecida... Al único espécimen que no le hace falta ninguna de esas condiciones es al poeta... 😛... (Se tenía que decir y se dijo... 😀)

Grupo Red de escritores.

En respuesta a alguien del grupo:

> Konrad Lorenz, el padre de la etología, el comportamiento comparado, propone que la agresión es un componente necesario para la evolución. Sin ello, ya nos habríamos extinguido y los insectos heredado la tierra. Ejercemos agresión contra el medio, orgánico e inorgánico cuando el instinto estima que nos elimina, ya sea en lo inmediato, como a largo plazo. La organización social que nos hemos inventado propone que esa eliminación es

discrecional -por raza, color, geografía, diversas características-, y se han inventado "poderes", o "miradas" invisibles como subterfugio para lo mismo: agredir, dominar; algunos le llaman evolución. No sé si bueno o malo, hay estudios sobre que las guerras le dan "oportunidades" a la humanidad, que no tendría de otro modo-cuando se sepa más sobre la Teoría de Cuerdas, podremos, quizás, comparar con una línea de sucesos en caso de no haber ocurrido tal o cual guerra-. Comportamiento filogenético, o natural, la competencia para mejorar la especie es una elección natural, solo que cada ser pensante la reinterpreta a su manera. Los animales, por otra parte, a los ojos de algunas miradas, lo resuelven mejor, pero le decimos "mejor", bajo la no exigencia que actúen más que por instinto. El hombre, si pudiera no recibir castigo o estigma por ello, sin duda sería escalas de asesino muy feroz, sin compasión, y esta afirmación, se basa en estudios reales.

Muro Antalia Isim. Muro de Oitos Rossi.

Vivo habitada por la ternura, la pasión y la torpeza; razones para la sombra, razones para la luz, llamada lenguaje.

Muro Antalia Isim

El compromiso no es del efecto, sino de la forma y la intención; los modelos escriturales no tienen que responder a algo; hay quienes se inclinan por descartar propuestas que no participan del fin comunicacional, respecto a aquellas que apelan al significante. El lenguaje funciona como instrumento disruptivo y no participa de las dicotomías o clasificaciones.

Tanto los modelos comunicacionales –ya sea con recursos poéticos o narrativos–, como los que apelan a diseñar el secreto de su significado –en potencia, hacia un lector que se mira hacia sí mismo, confabula y no se ve interpelado sino contenido–, uno y otro se despliegan en el mismo sentido voraz de transformar el cosmos.

Ambos modos funcionan como un dipolo magnético, estrellas que sobreviven dependientes pero separadas; el que crea que puede brillar una sin la otra, se limita en el camino; ruta de única mano que no niega la pasión: es ignorar que el significado no se ausenta, sino que no lo alcanza; es el lado invisible del cosmos, el más extenso y emocionante. A la estrella de le nota el brillo cuando se la aprecia desde la profundidad insondable.

Son modos que se relevan entre sí la condición metafísica de la poética, el pasaje hacia el idealismo, el fundamento del lenguaje sobre el que se estructura el pensamiento.

Muro Antalia Isim , Muro Oitos Rossi.

A veces, somos palabras interdictas a las que quieren imponer alguna ilegalidad. Las mentes libres no acuerdan con estatutos jerárquicos; a veces parecemos lo que somos, excesivamente inexactos para descalzarnos de la unificación, nos desbordamos por la comisura del lenguaje. La única máscara es el plural para fingir que concertamos; lo demás es la zozobra de cualquier mirada en curso de colisión con nuestra obra, alguna inarmonía personal para neutralizar el hastío de lo cíclico. Escribo en singular, me excuso en plural.

***

La persistencia es otra embaucadora, como el éxito o el fracaso, la exploración de la monotonía, acaso sucesivas conspiraciones de la derrota, empecinamiento en la opresión, abstracta, mitológica, la parte insuficiente y velada, fenómeno residual de una fantasía agónica.

6 junio 2022.

Muro Antalia Isim, Muro Oitos Rossi.

La virtualidad es otra geografía, detona sus propios componentes raciales, la aventura grotesca de la representación, la duplicación, la copia, la reproducción, tal vez el desenfreno; aquello que une a Alonso Quijano con Dostoievski: el estigma de la locura que afecta tanto a personajes como a autores; no somos un fenómeno especular sometidos al mismo estruendoso deterioro de la realidad; somos magia, una controversia absoluta con la linealidad del tiempo, vamos en direcciones equivocadas, o no, en curso de colisión con el romanticismo y sus imposturas.

***

Si me atreviera a despertar, seguramente, el dinosaurio ya no estaría allí.

***

Al final, casi todo son manchas, es la palabra lo que provee nitidez incisiva, sin necesidad de la aceleración del impacto químico de la imagen; la palabra, con sus enmarañados matices, maquinaria de diferir términos que nunca se cancelan; ni siquiera vamos a ser polvo, memoria o sueños, solo vamos a ser escritura.

***

Tan así, y descarnado, qué ocurrencia, el sol a hilachas, a la intemperie, pura distracción y olvido; viento que empuja la noche; y una, así, primitiva, desnuda, qué descaro, entra al poema como quien se busca a sí misma en las palabras equivocadas.

Muro Antalia Isim.

Antes que toda la vida a mi modesto alcance existiera, Carlos Marcucci, poeta, escritor, que solía decir: «Vendo chistes usados, pero en buen estado» en *Vida de artista*, escribió:

> V
>
> Terminé mi poesía
> tengo hambre
> llevo mis manuscritos
> tengo más hambre.
> El hombre de los anteojos
> y la cadena de oro me dice
> —vuelva el lunes—
> El lunes no vuelvo
> no vuelvo más
> no puedo
> morí el sábado.

Causas crónicas de la vida del escritor: empujar la tensión hacia un tiempo anacrónico, un limbo existencial, un mecanismo que le da cuerda al efecto que impacta al arte, al artista; máscara, inquietud; el yo eterno en letra, perecedero en su constitución. Las palabras, según Freud, pueden acercar lo que está separado, el poeta, su poema, disyunciones de elementos solidarios. Quién vive, quién muere, contra este dominante trabaja el humor.

A veces, el poema intercepta la mirada revirtiendo la copia por la realidad.

Muro Antalia Isim, Muro Oitos

En el deseo de darnos la cosa, junto con la cosa, nos damos la experiencia del vacío, una dicha sospechosa, el destino boca abajo, algún insaciable delirio incandescente; y a la cosa, toda armadita y ritual, hecha con jirones de soledades suspendidas, flexible, con un nombre que se repite en secreto entre las sábanas.

***

"El tiempo sale de sus goznes", dice Shakespeare en *Hamlet* (1603); la elisión de la venganza, produce la inquietud de que el tiempo se enlentece; el tejido de justificaciones de las reflexiones que detonan el suceso le otorgan una característica elástica al tiempo.

El tiempo ha sido siempre un detalle significativo en el desarrollo de estrategias literarias, y elemento importante en el diseño constructivo de producciones artísticas, tanto en el contenedor, como en contenidos; ya fuera en soporte libro como en pintura, desde James Joyce, con *Ulises* (1922), que transcurre en un día; como *Farabeuf* (1965), de Salvador Elizondo, el relato de un instante; la circularidad y repetición en *Trilce* (1922), de César Vallejo; o el cuadro de *Desnudo bajando la escalera*, (1913), Marcel Duchamps, representación del movimiento simultáneo, el tiempo detenido; *Variaciones Turner* (2013), de Danilo Albero, el relato de la observación, en minutos, del cuadro *El Combatiente Temerario remolcado a su último fondeadero para ser desguazado*, de William Turner (1839); ni el relato del transcurso, ni la observación, ni el movimiento, ni la lectura, o escritura, están subordinados al tiempo; a lo que podemos agregar la venganza, que es un "plato que se saborea frío", o el amor, cuya eternidad recorre diversos cuerpos.

No estamos hechos de materia o de sueños, ni deseos, ni odios, melancolías o felicidad, sustancias o moléculas, estamos hechos de tiempo, y no sabemos qué es el tiempo, no hay adverbios que lo definan, ni ciencia que dé cuenta de él.

5 junio 2022.

Muro Antalia Isim, Muro Oitos Rossi.

Sutiles manchas oscuras intentan remover la arquitectura rígida del paisaje del rostro que retiene muecas y gracia; los ojos apenas delatan la suspensión, la impostura, el anhelo y el descontrol impúdico de la voz; eco, resonancia, el poder carnal y vivo del poema.

***

El silencio escapa por los bordes con voluntad desconocida, opera transformaciones del espacio; más que el enigma del signo, vibra en la nada; la perplejidad del impacto y su significado inconcluso, el vacío y sus indicios, todo eso que explota en palabras y estalla en los ojos y detona una incursión por el cuerpo y forja la desigual integridad del poema, que se vuelve inmortal.

***

A veces, parece que no he llegado aún, no lo termino de descifrar, palabras sin comunión y sin destino, áridas en la memoria, una presunción; bruma, ectoplasma, el hilo roto, vientos que arrastran el alma de la frase que se inmoviliza, esperando el soplo, el latido, la lujuria del espacio, el riesgo, el lenguaje.

Muro Antalia Isim.

La poesía, por sus características sincréticas, es un género que suele distinguirse por grupos que orbitan alrededor de revistas, propulsadas por escritores que se colocan a la cabeza de propuestas de publicaciones; en Argentina, *El grillo de papel*, *El escarabajo de oro*, impulsadas por Abelardo Castillo, *Puro cuento*, de Mempo Giardinelli, *La mujer de mi vida*, de Sergio Olguín –que aún se publica–, entre otras; publicaciones que con sus peculiaridades se convierten en sustantivo de determinadas estéticas y exploración, que van conformando figuras tutelares; colectivos poéticos que son memoria y rescate de escritores que, a su vez, reformulan nuevas lecturas de la herencia poética y su entorno, desde el historicismo, desde la política y la experiencia de formas y lenguajes que la irrupción de la tecnología coloca al alcance de nuevas voces.

Si algo se puede percibir es que la poesía se extiende, se desajusta de modelos preestablecidos, penetra espacios de la prosa, la novela, el ensayo, y viceversa, filtraciones de genealogías de otros discursos, el ruido político, la expresión de la emotividad súbita y casual, y causal, del cotidiano.

A pesar de esta bisagra histórica de pandemia, la poesía lo toma todo, el compromiso vital, la representación del mensaje, el restablecimiento de líneas entre sensibilidades de escritores de geografías diversas, Latinoamericana, Europea e inglesa; timbres de voces de estéticas multiculturales, la literatura, el signo, y su capacidad para trastocar la lógica; la poesía permite crear nuevas utopías; hace falta más revistas literarias.

***

Muro Ana Abregú.

Hay una especulación sobre que el gigante de Atacama, era un mensaje para algo en el cielo, supuestamente extraterrestres. Es una figura de 119 metros datado más o menos entre el 900 y el 1450 d.C.; pero, propongo otra teoría: para mí, era un espantapájaros.

Cierta mitología chilena describe un pájaro, el Alicanto, ave gigante, que se veía dorada porque se alimentaba de oro. Qué tal que este pájaro consumiera metales picoteando su comida, como los peces que tragan metales, alimentándose. Qué tal que quien viviera por la zona, necesitara espantarlos, porque consumían el oro, metal valioso.

Sabido es que era zona de minas de oro. Pachacutec (1438), el hacedor de Machu Pichu y Cusco, un ingeniero extraordinario, bien pudo haberlo ideado.

4 junio 2022.

Muro Antalia Isim, Muro Oitos Rossi.

…nada escapa de la cifra, nudos del corazón; estéril ceremonia donde se pretende olvido, descolorida cicatriz de la pasión ruidosa, extrovertida; con el amor y con el número, la ensoñación, la voz, los ojos, la boca, nadie escapa de la cifra…

***

Hay un tiempo secreto que emite una señal, enmascarado, inmóvil, en una corteza inalcanzable, portal entre la nube de poemas, sin arriesgarse en el gesto de los otros; arde en una llama que asciende hasta el fondo de una condena, sombra en vuelo en el laberinto de sueños.

Muro Ana Abregú.

(Recuerdo del 4 junio 2014).

La pregunta irresponsable: para qué sirve la poesía; ha generado decenas de discusiones filosóficas, antropológicas, generacionales, y otros tantos "icas" y "les" como aparezcan en el lenguaje. La respuesta es simple: para nada. El día que alguien responda esa pregunta, la poesía habrá perdido su belleza, su misterio, su evanescencia, su principal característica: precisamente su resistencia a ser considerada social, culta, profunda o liviana, sencilla o compleja, literaria o no; en cualquier caso se opone a ser utilitaria.

La poesía es porque sí, como la realidad, la pregunta de para qué sirve no aplica.

3 junio 2022.

Muro Antalia Isim, Grupo Red de escritores.

El estilo autoral –dejo de lado la corrección estilística–, es un concepto que ha ido mutando; Foucault lo definía como la marca autoral, biográfica –apócrifa, por supuesto–, del escritor, una especie de dios de la obra. Lo que reúne las marcas de estrategias discursivas, procesos de producción de sentido, marcos teóricos comparativos; el sujeto, escritor, que coloca en el texto una proyección de sí, que algunos definen ego. La posmodernidad ha intentado poner fin al estilo, considerándolo burgués; un término de clase que revela otros aspectos: la pluralidad de la intervención lingüística en la literatura, la cuestión sobre su validez en el simulacro de una lengua ajena al lugar de enunciación e incluso la clase social y las formas de expresión; pero, aún así, hay algo del escritor que persiste por sobre las formas textuales, enfoques, temas, escrituras.

A veces se acomete con la idea que solo porque se es un individuo y se escribe, eso ya es estilo, porque es el modo de uno; pero es una falacia, escribimos por espejos, lo que nos enseñaron, lo que leemos, la intervención del exterior; probablemente todo ello crea una visión única, interesante, un estilo; pero, para que ello ocurra es necesario aprender a reconocer esas marcas en otros escritores: qué los hace únicos y de un estilo reconocible; este análisis es un acto de épica personal, lúdica, que involucra acercarnos al pensamiento y obra de escritores; es una epopeya inevitable.

Hay un derrotero en intentar la definición de estilo autoral, reformulaciones permanentes hacer, justamente, interesante la respuesta, que se vuelve evanescente y sin alcanzar a definirla fácilmente, ocurre como cuando Wittgenstein intenta definir el "ser", enumerando lo que no es, pero nunca alcanzando a lo que sí es.

Luego, y en tanto se intenta individualizar las marcas de estilos autoral, desde el estructuralismo y la semiótica, pasando por la intervención de hechos de la historia como el marxismo, parecen ir en dirección contraria: viviseccionar los textos en sus partes formativas dentro de los modelos de intervención: los social, lo económico, lo político.

Por dar un ejemplo, mencionaré, la que en mi concepto, presenta una concepción de estilo muy ligada a su época, y que marca una bisagra en uno de los géneros más recorrido y poco visitado por el estilo autoral: Jane Austen. Entre muchos detalles, mencionaré uno. En sus novelas hay una interesante grieta· en los modelos educativos y económicos: una metodología de crianza donde estaba bien visto que los padres hicieran transacciones comerciales con los matrimonios de los hijos, y una generación que empieza a deleznar el interés que ello supone y el sacrificio personal en pos del bienestar familiar: la vida empieza a ser individual y no grupal. Ambos hechos son correctos, porque pertenecen a modelos educativos y políticos válidos en una época bisagra entre un concepto y otro. Las novelas de Austen son un estilo en ese punto, y otros, por ejemplo: en la concepción de que la mujer aporta interés al matrimonio, y que para ellos hace falta independencia, conocimientos y que dejara de ser la muñequita que las familias comercian para formar alianzas entre fortunas. Desde nuestros ojos modernos: triunfa el amor, desde los ojos de su época: triunfa el amor y el dinero.

El conjunto de rasgos que por su repetición y su remisión se puede identificar como características que trata un escritor, permiten asociar entre sí objetos culturales diversos, pertenecientes o no, al mismo medio, lenguaje o género.

Teniendo en cuenta estos factores, y con disculpas por la autoreferencia, en mi literatura, analicé estos aspectos, y mis propuestas fueron romper el patrón de identificación, aunque por supuesto, se cae en otro: el de ruptura de patrones; pero, en este sentido, puedo indicar que ese gesto ni es mío: es de César Vallejo –entre otras cosas, a pesar de morir, los grandes estilos autorales son en presente, y el gran poeta no ha sido superado–, que con Trilce, se volvió tan único que ya se habla de un lenguaje trilceano, hubo que generar una categoría nueva literaria para nombrarlo.

Con este gesto personal, reflexiono: le podrán poner nombres, intentar desarmarlo, disfrazarlo, eludirlo, negarlo; pero, hay en todo estilo autoral un motor reconocible que se expondrá con máscaras y definiciones, que algunos niegan o defenestran o lo adornan con epítetos, pero ya tiene nombre: el ego.

2 junio 2022.

Muro Antalia Isim, Muro Oitos Rossi.

A veces, mi cuerpo reacciona con algún rencor. La geografía está ahí, pero mis pasos insisten en esquivarla. Ni las manos me responden, se ponen a volar, se pierden y andan al garete, libres, escriben palabras en versos ajenos.

1 junio 2022.

Muro Antalia Isim.

Charles Baudelaire sostenía que la poesía solo se entiende desde la poesía –no comparto mucho esto–, mantra que practicaba Gonzalo Rojas (1916-2011), quien gozaba de popularidad como conferencista y era, literalmente, saturado de invitaciones que nunca rechazaba. En cada encuentro, difícilmente repetía lo que ya hubiera tratado antes; escribiría en un texto dedicado a Pablo Neruda:"... Qué son al genio las dificultades rutinarias, qué, en el espacio de su corazón las extinguidas luces del cariño". Reflexión algo reveladora sobre algún conocimiento de la intimidad de Neruda, ya que Neruda confesaba tener un concepto romántico y dramático de la vida que impactara, profundamente, en su sensibilidad. La prosa de Rojas me resulta una representación de su época en sí misma, describía al poeta que admiraba, haciendo referencia a su obra; distingo el hecho de haberse referido a Neruda, especialmente, colocándolo por encima del amor: "...las extinguidas luces del cariño"; la arqueología de la biografía, dará cuenta del contexto, pero no deja de ser una singularidad.

La bisagra de la guerra del 36, produjo un cambio en la poética de Neruda, que afectó a Rojas, quién declara en un homenaje a Neruda –que me resulta una voz repetida en el corazón de los poetas, ya hechizados por Neruda, y que Rojas se anima a expresar– sobre que el fluir poético de Neruda era el de Éluart, Tzara, Huidobro, entre otros: existencialistas, metafísico y que mutó a poeta social, comprometido, como Aragón, Maiacovski.

> Preguntareis: ¿Y donde están las lilas
> y la metafísica cubierta de amapolas
> y la lluvia que a menudo golpeaba sus palabras
> Llenándolas de agujeros y parajes?
> Os voy a contar todo lo que me pasa...

Rojas considera que, a pesar del pasaje de lo simbólico a la realidad comprometida, la poética de Neruda no se vio afectada en autenticidad retórica; pero, el señalarlo, se parece a una denuncia de resignación complaciente; de alguna manera, el exponerlo, actúa como una suerte de languidez sobre aquellos textos que pudieron haber sido y no fueron, en tanto un hecho real, como la guerra, produjo un desvío.

Reflexión sobre las torceduras de la pandemia; tener sembrada una melancolía sobre lo que nunca fue o se escribió es un agujero que crece sin límites; ausencias sin bordes, más sólidas que los versos que no se escribieron y se precipitan al infinito, el Aleph borgiano.

Esto augura una melancolía inextinguible, sobre lo que no fue, ni se escribió, tristemente persistente, como la pandemia.

Muro Ana Abregú.

Es palabra final: dejando de lado la arquitectura en Barcelona, la gloria de España es Sevilla, por Velázquez y la Dragona.

La Dragona es una máquina que está en una librería, sin anaqueles, es un bar, te sentás, pedís un café y elegís un libro de un catálogo internacional en cualquier idioma. Y en 7 minutos, tenés el café –o bocadillos, lo que hayas pedido– y el libro en papel en tu mesa.

La Dragona está conectada a los catálogos de editoriales e imprime un libro de 300 páginas en 7 min. Te entrega un libro, no fotocopias, el libro armado como libro.

31 junio 2022.

Muro Antalia Isim.

Darío incluyó en Los Raros, pura pasión, representada por nombres; pasión poética, pasión literaria. Por esa época, conoció a Leopoldo Lugones, de 22 años.

Darío reconocía, públicamente, que el joven Lugones, deslumbraba. Pero no lo incluyó en Los raros.

Lugones, imprudente, le reclamó en una carta, que es pública y algo patética, adornándose a sí mismo y reprochando a Rubén Darío no haberlo tenido en cuenta.

Era obvio que Lugones era consciente del esfuerzo, y logro, de haber llamado la atención del gran Darío, y no comprendía su exclusión.

Cuando no recibió explicación de Darío, siguió con comentarios como: tampoco está Stéphane Mallarmé u Oscar Wilde, entre otros; y en eso, colocándose a la par de esos grandes, como si la exclusión de los otros, fueran las mismas: algún imperdonable olvido de Darío.

Con el tiempo, Darío intentó cerrar ese monólogo, indicando que Lugones, más que un raro apasionado por la literatura era una personalidad.

Lugones era una personalidad que hablaba de su pasión y articulaba publicidad exagerada sobre sí, la persona, no su obra, aunque su obra valiera la pena; su obra era parte de ese propósito: Lugones estaba abocado al engrandecimiento de sí mismo.

Darío diría de Lugones que no había personalidad más grande en América, pero sus Los raros era sobre literaturas, sobre poéticas.

Lugones hacía culto de su superioridad y permeaba su obra de ello, según Darío.

Lugones nunca se sacó esa espina, no importaba cuántos "raros" podía él inspirar, lo único que importante era que él mismo no era un raro del dios-Darío, el catálogo de genios poéticos; estar en ese libro era superior a ganar un Nobel, el príncipe de las letras era una nova, un sol, su palabra iluminaba el mundo de las letras de su época y ese brillo se mantiene hasta nuestros días.

No creo que se "hereden" destinos; para lo que sirve leer biografías –opiniones sobre otras opiniones, de alguien, respecto a otros, que nunca es real o verdad, es solo percepción y criterios personales del biógrafo – o ensayos, es para comprender la visión sobre una persona y obra, en relación a su época.

Quién sabe, sirve para una reflexión sobre qué hacemos como escritores. ¿Somos como Lugones?: genio cuyo culto a su personalidad no le dejó alcanzar el propósito anhelado de que Darío lo tuviera en cuenta como un Raro, o somos escritores que amamos lo que hacemos y no necesitamos sobreimprimir nuestra persona y culto a la propia personalidad.

No tengo la respuesta. Cada uno la tendrá en si.

Este comentario no responde nada, vivimos una era distinta, la era de la Internet, tal vez la personalidad sea mejor estrategia, quién sabe cómo impactaremos en la literatura del futuro. Quizás ninguno de ambos se da y nos difuminamos como un ectoplasma…

***

A Severo Sarduy, casualmente, poco antes de su muerte (1993), le preguntaron por lo que esperaba de la posteridad de sus obras. Consciente del vértigo de la época, dijo: "estas formas discursivas, estas nociones del saber, este mundo que ya padece su nueva inestabilidad, no tendrá nada que ver con el que le sucederá". Desestimaba que su obra –y otras, se puede entrever en sus palabras–, fuera a tener un impacto significativo; o por lo menos dedicarse a especular sobre ello le resultaba inconducente.

Hizo un comentario, que actualmente es precognición, dijo: "la casi totalidad de los objetos que se usarán, en una casa, en el próximo milenio, aún no está inventada".

Un cambio de paradigmas de lecturas está influenciado por un cambio de escritura sin que pueda definirse qué empezó primero. Estoy tratando de evitar el señalamiento que se hace sobre la "culpabilidad" de la tecnología, porque creo que es al revés, nosotros empujamos la tecnología con necesidades que nos llevan a promoverla. Acomodamos la tecnología, le hacemos exigencias; aunque sostenemos que nos interpela y nos guia y respondemos a eso. Adaptación, diremos. Pero toda la evolución es adaptación, cambios, derrotas; algunos disfrutamos de estos instantes de conversiones y tenemos también el privilegio de apreciar el camino. Coincido con Sarduy: no parece que fuera a resultar importante el análisis de lo que podría llegar a influenciar alguna individualidad, sobre todo cuando la obra de escritores gigantes aún conquista, impacta, aunque no se detecte o devele su ascendiente en la literatura actual. Y también asistimos al desvanecimiento de tantos otros, gigantes desconocidos, Néstor Sánchez, Jorge Di Paola –los menciono porque hoy hablaba sobre ellos, pero son miles, incluyendo los que no puedo nombrar, porque ya ocurrió: desaparecieron sus obras, sus lenguajes, solo podemos especular sobre su existencia.

No hay muchas razones para estar viviendo para una supuesta gloria de un futuro improbable.

26 mayo 2022.

Muro Antalia Isim, Muro Oitos Rossi.

Ingrávida, inmaterial, la belleza, la palabra, objeto irreal, lenguaje prefigurado en el músculo de unos pocos versos ambiguos de arcanas dimensiones; cuerda vocal de una ilusoria grieta que soporta la sombra de una sospecha: estamos aquí para eso, para el poema.

25 mayo 2022.

Muro Antalia Isim, Muro Oitos Rossi

Sonidos del brumoso sentido del ser melancólico; la tregua, la máscara; pájaro herrumbrado en cada astilla, en añicos la voz secreta, el canto, aullido a su época, dorado, refugio, misterio, farsa, soledad, lascivia, sinuoso; todo eso ya tenía notas y fue escrito así.

24 mayo 2022.

Muro Anatalia Isim, Muro Oitos Rossi.

Hebras, la singularidad de un acorde, el dominio circular del asombro: tu cabello, índigo, ínclito, un jadeo que apenas destella en espejos, insondable; abismado eco sobre los ojos linóleos, donde el amor se repite y se ampara en mundos inacabados.

23 mayo 2022.

Muro Antalia Isim.

Desde la bruma, al sordo y equívoco regazo del gris o neón, teje el vacío su intensidad sigilosa de brillos confusos, un puente a la garra de un siglo, donde comenzó algo que abrió una herida, escupió un signo incesante y sembró un *gúgol* hasta lo incognoscible; el poema, el poeta.

22 mayo 2022.

Muro Antalia Isim, Muro Oitos Rossi.

Él camina en el futuro, en un lenguaje evasivo y en alguna remota noción, una conversión sobrenatural, como si la divinidad fuera alguna especie.

De lenguaje a lenguaje, su identidad, su sonrisa, sangres del mismo fuego, el grito como creación de un sonido sujetado a sí mismo, a la palabra, la pasión, el destino.

18 mayo 2022.

MuroAntalia Isim.

La actitud crítica, es una condición personal en la que se define el campo de lectura como elemento ordenador de la interpretación personal.

Las sociedades fuertemente teologizadas, cuyo modelo imprime su visión, coinciden con las sociedades jerarquizadas por un estrato de poder, como las que intentan sostener los regímenes antidemocráticos, la actitud crítica es desvalorizada, reprimida, convertida en acción contra la educación, bonhomía, y todo tipo de intervención que en nada la relaciona con el hacer literario.

La crítica es una forma de comprender el material escritural, y aunque el psicoanálisis, la posmodernidad, las militancias políticas tiñen todo discurso de sospecha, la instancia de la escritura, a la larga, es sometida a su condición de posibilidad objetiva: creación, imaginación, descripción –aquello que pretende dar cuenta de cómo son las cosas–, lo que pone en crisis un nivel dentro de lo comunicacional.

Si algo ha demostrado la pandemia es que se ha acentuado que el nivel comunicacional es materia insuficiente para dar cuenta de la realidad.

Hace falta un componente mítico, que depende de asuntos de interpretación: la ética. La subjetividad de las opiniones plantea niveles de ética que suelen contraponerse.

La interpretación sobre textos elude la situación de impacto sobre el sujeto: refiere al texto, pero los sujetos no dejan de acusar la marca sobre la persona, e intenta dirimir la cuestión en debates de comportamiento o en altercados donde involucran el término "educación"; comparemos estas reacciones con las sociedades jerarquizadas: la actitud crítica intenta ser sometida, denostando al cultor como si fuera un asunto de ética, de moral, de educación, y para ello aplica estrategias de poder: suma adeptos perpetrando una finalidad que elude el motivo generador: el texto.

Si no se va a aceptar críticas sobre los textos, no sabrán dónde están parados en el vasto territorio de la literatura. Buscar likes es interesante, motivador, pero no son "votos" literarios, son declaraciones personales basadas en un sistema inocuo cuyo sostén, el gusto personal, es lábil, probablemente inconducente, cuando no va acompañado del comentario crítico, sin que se lo deba considerar entre valoraciones de bien o mal, un campo de legitimación intraducible: qué es bien o mal, no hay respuesta.

Si quieren ser escritores, en vez de preguntarse si yo lo soy, para autorizarme a decir esto, pregúntense si ustedes lo son; sin una actitud crítica con el texto, en vez de intenciones de los demás, la respuesta está en sus propias actitudes frente a la literatura y a la crítica y autocrítica. Pregúntense si apenas están aburridos y están creyendo que la terapia de escribir los convierte en escritores y buscan el título, sin enfrentar el esfuerzo.

Muro Ana Abregú

El periodismo y los medios confunden la actividad crítica con la información, y lo que es peor: permean la opinión del espectador de legitimación que va de la mano de la especulación, antes que de hechos.

9 Mayo 2022.

Muro Ana Abregú.

Conocí a Maj Lindström en la 45 Feria Internacional del Libro de Buenos Aires, 2018. Ella, artista plástica, fotógrafa, intentaba ejecutar un proyecto de *Book* para la Feria de Guadalajara.

La vi tratando de armar escenarios donde fotografiaría a escritores participantes en la Feria del libro Argentina. Para los que estamos en la Feria, cubriendo con prensa, sabemos que todo es vertiginoso, que ocurren cosas inesperadas y es difícil organizar ese tipo de cosas, ya que los escritores apenas terminan sus encuentros, se dispersan; las salas deben vaciarse rápidamente, porque casi de inmediato comienza otro encuentro. En aquella ocasión, Maj me comentó sobre el proyecto, e instantáneamente comprendí la dificultad que sobrevendía, de manera que de la manera que pude, ayudé solicitándoles a los escritores que se ordenaran para entrar en el escenario de Maj, y tuviera la paciencia de esperar la sesión de fotos, que sabemos que suelen ser cansadoras, los "modelos" se impacientan y escapan. En los diferentes encuentros que cubrí, de escritores latinoamericanos, se repitió el caso. En uno de esos momentos, saqué foto de Maj, más para un registro personal que por otra cosa.

Este año, 2022, estando en el evento de Luis Gusmán, Ana Arzoumanian y Diamela Eltit –publicado en este mismo medio, <u>La literatura como forma de resistencia, clic aquí para ver este evento</u>–; estaban presentes la curadora de la Feria de Guadalajara, personalidades y el Director de prensa de la Feria de Guadalajara a quien, al sentarse a mi lado, ofrecí el material de la revista, y él a su vez, me extendió una invitación a la presentación del libro, y coctel posterior.

En ese momento, miré la invitación: cuál no fue mi sorpresa; era aquel *Book*, de Maj Lindström; se había hecho realidad, y se presentaba en esta Feria.

Presentación de "Cien voces de Iberoamérica, a 35 años de la FIL".
Participa: Camila Sosa Villada Maj Lindström, Vanesa Robles y Marisol Schulz Manaut
Organiza: FIL Guadalajara
Sala: Adolfo Bioy Casares
Pabellón: Pabellón Blanco
Me causó gran alegría que un proyecto que nació antes de la pandemia llegó concluirse y presentarse en Argentina. Los hilos invisibles hicieron que hubiera un comienzo en el 2018 y una continuación en esta 2022.
Es un bello libro, el cual se pueden bajar de aquí: <u>Cien voces de Iberoamérica FIL Guadalajara 35 años.</u>

Copio El índice de escritores que componen este volumen:
Índice FIL Guadalajara, una fiesta multicultural y universitaria 13 Ricardo Villanueva Lomelí La Feria menos convencional del mundo 15 Raúl Padilla López La FIL de todos 17 Marisol Schulz Manaut Un proyecto a cien voces 19 Patricia Córdova Abundis Vivian Abenshushan 22 Héctor Aguilar Camín 24 Eugenia Almeida 26 María Fernanda Ampuero 28 María Baranda 30 Gioconda Belli 32 Rosa Beltrán 34 Cristina Bendek 36 Sabina Berman 38 Rodrigo Blanco Calderón 40 Coral Bracho 42 Hernán Bravo Varela 44 Giuseppe Caputo 46 Jorge Carrión 48 Sol Ceh Moo 50 Javier Cercas 52 Martha Cerda 54 Alberto Chimal 56 Ana Clavel 58 Jorge Miguel Cocom Pech 60 Marina Colasanti 62 Hélia Correia 64 Afonso Cruz 66 Christopher Domínguez 68 Elsa Drucaroff 70 Soledad Fariña Vicuña 72 Nona Fernández 74 Ana Fortuny 76 Carlos Franz 78 Rodrigo Fresán 80 Santiago Gamboa 82 Ana García Bergua 84 Luis García Montero 86 Olvido García Valdés 88 Mempo Giardinelli 90 Margo Glantz 92

Maj Lindström, 2018.

Maj Lindström, 2022.

Contenido

Ana Abregú, escritora, con formación en ingeniería electrónica trabaja como SEO posicionamiento y Community Manager, ha publicado novelas, poemarios, relatos, ensayos y crítica literaria.

Editora y redactora de la revista Metaliteratura, (http://www.metaliteratura.com.ar), shop de libros editados: http://shop.metaliteratura.com.ar.

Ignitos, relatos, julio 2022, *Y : (Crónicas, abril 2020 - febrero 2022)*, crónicas, marzo 2022. *Teorema de la Lengua*, Poemario, 2022. *Pentimentos*. Novela, 2022. *Supay*, novela, 2021. *El Pallo Gelao*, humor gráfico, 2021. *Pareidolia*, Crítica literaria, 2021,*Anti(eu)fon(í)as*, poemario, 2021, *Textorios*, ensayos, 2021, *Cíngulos*, ensayos, 2021, *Descontextos*, ensayos. 2021. *La mujer finginda*, Novela. 2020. *Atrave(r)sar*, Poemario. 2020. *Dédalo*. Novela. 2020. *Ex criaturas*. Microrelato. 2020. *Señales del tacto*. Novela. 2020. *Mover el punto*. Novela. 2019. *El espejo deshabitado*. Novela. 2019. *Paranoxia Dalí*. Novela. 2018. *Adelaida Sharp en tu tiempo*. Novela. 2017.

Se consiguen en Amazon.